暗想當年，節物風流，人情和美，但成悵恨

打開傳說中的書

About ClassicsNow.net

大約一百年前，甘地在非洲當律師。有天，他要搭長途火車，朋友在月台上送了他一本書。火車抵站的時候，他讀完了那本書，知道自己的未來從此不同。因為，「我決心根據這本書的理念，改變我的人生。」

日後，甘地被稱為印度聖雄的一些基本理念與信仰，都可溯源到這本書*。

◎

閱讀，可以有許多收穫與快樂。

其中最神奇的是，如果我們有幸遇上一本充滿魔力的書，就會跨進一個自己原先無從遭遇的世界，見識到超出想像之外的天地與人物。於是，我們對人生、對未來的認知與準備，截然改觀。

◎

充滿這種魔力的書很多。流傳久遠的，就有了「經典」的稱呼。

稱之為「經典」，原是讚嘆與敬意。偏偏，敬意也容易轉變為敬畏。因此，不論中外，提到「經典」會敬而遠之，是人性之常。

還不只如此。這些魔力之書的內容，包括其時間與空間的背景、作者與相關人物的關係、遣詞用字的意涵，隨著物換星移，也可能會越來越神秘，難以為後人所理解。

於是，「經典」很容易就成為「傳說中的書」——人人久聞其名，卻沒有機會也不知如何打開的書。

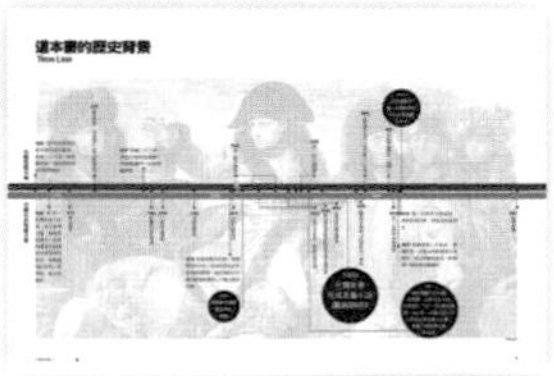

關鍵時間、人物、地點，在書前有簡明要點。

「1.0」：以跨越文字、繪畫、攝影、圖表的多元角度，破解經典的神秘符號。

我們讓傳說中的書隨風而逝，作者固然遺憾，損失的還是我們。

每一部經典，都是作者夢想之作的實現；每一部經典，都可以召喚起讀者內心的另一個夢想。

讓經典塵封，其實是在封閉我們自己的世界和天地。

◎

何不換個方法面對經典？何不讓經典還原其魔力之書的本來面目？

這就是我們的想法。

因此，我們先請一個人，就他的角度，介紹他看到這部經典的魔力何在。

再來，我們以跨越文字、繪畫、攝影、圖表的多元角度，來打開困鎖住魔力之書的種種神秘符號。

然後，為了使現代讀者不會在時間和心力上感受到太大壓力，我們挑選經典原著最核心、最關鍵的篇章，希望讀者直接面對魔力之書的原始精髓。此外，還有一個網站，提供相關內容的整合、影音資料、延伸閱讀，以及讀者互動的可能。

因為這是從多元角度來體驗經典，所以我們稱之為《經典3.0》。

◎

最後，我們邀請的就是讀者，您了。

您要做的唯一的事情，就是對這些魔力之書的光環不要感到壓力，而是好奇。

您會發現：打開傳說中的書，原來就是打開自己的夢想與未來。

*那本書是英國作家與思想家羅斯金（John Ruskin）寫的《給未來者言》（*Unto This Last*）。

「2.0」：以圖像來重現原典，或者重新做創作性的詮釋。

「3.0」：經典原著中，最關鍵與最核心的篇章選讀。

ClassicsNow.net網站，提供相關影音資料和延伸閱讀，以及讀者的互動。

經典3.0
ClassicsNow.net

繁華之城

東京夢華錄

Reminiscences of the Eastern Capital

孟元老 原著
張臨生 導讀
張擇端 2.0繪圖

他們這麼說這本書

What They Say

插畫：程晨

雖事隔前載，
猶令人想見其盛

胡震亨

一五六九～一六四五

明代文人，藏書萬卷，巨作《唐音統籤》奠定其唐詩研究的地位。他認為「《夢華錄》多記崇寧以後所見，時方以逸豫臨下，故居綵山燈火，水殿爭標，寶津男女諸戲，走馬角射，及天寧節女隊歸騎，年少爭迎，雖事隔前載，猶令人想見其盛」。

畫與書的保
留，生動表現
了宋代東京的
城市商業實景

李常生

一九四九～

孟元老在《東京夢華錄》中徹底的描述了北宋東京城市的繁華盛景，包括了東京街道的繁華與興盛，也包括了各時節所有的民俗風情，其細膩性甚至包括了重要街道與店面的名稱與主要的商品。張擇端的《清明上河圖》也生動的描繪了宋東京東南角汴河、虹橋一帶的商業氣息。畫與書的保留，生動表現了宋代東京的城市商業實景。

於地老天荒滄
桑而後，不勝
身世之感

伍崇曜

一八一〇～一八六三

清末巨富，好詩文，輯刻《嶺南遺稿》與《粵雅堂叢書》成就最高。他為《夢憶》所作跋文中，指出：「昔孟元老撰《夢華錄》，吳自牧撰《夢粱錄》，均於地老天荒滄桑而後，不勝身世之感，茲編實與之同。」

王德威

一九五四～

比較文學與文學評論學者，美國哈佛大學講座教授。他認為《東京夢華錄》詳細記錄汴京生活，從皇家慶典儀式到民間飲宴娛樂，無一不備。全書細膩瑣碎，並無微言大義可言，但惟其如此，我們反得識物質生活的點滴流洗，遙想當年士子庶民的耳目口腹之樂，犬馬聲色之娛。這些官能的震顫也許浮泛得很，但往往成為追憶似水年華的最佳門徑。

追憶似水年華的最佳門徑

昔日京城的風華，追緬逝去的繁勝

張臨生

一九四六～

這本書的導讀者張臨生，現任震旦文教基金會董事兼博物館館長。認為《東京夢華錄》是第一部描寫都市景物的書，也像一本旅遊指南，或者說是購物地圖。以孟元老文字鉤勒之妙，配上張擇端傳移寫生的功力，把夢裏的東京，畫裏的東京交互輝映，使我們在千年後還能一窺昔日京城的風華，追緬逝去的繁勝。

你要說些什麼？

你

？

在二十一世紀此刻的你，讀了這本書又有什麼話要說呢？請到ClassicsNow.net上發表你的讀後感想，並參考我們的「夢想實現」計畫。

書中的一些人物

Characters

插畫：程晨

京師酒樓內的數百名妓女都聚在廳後屋子的窗前，濃妝豔抹、精心打扮的她們等待著酒客的呼喚，夜晚時分燈籠蠟燭映照金碧輝煌，將她們襯托得如天上的神仙一般。

雜技藝人的表演項目繁多，如李師師、封宜奴主持小唱，張七七、左小四表演嘌唱，張翠蓋、薛子大表演雜劇，任小三表演杖頭木偶戲，張金線表演懸絲傀儡戲，張臻妙、溫奴哥表演筋骨上索雜手伎，渾身眼、李宗正表演毬杖踢弄，張真奴表演舞旋，楊望京表演小兒相撲、雜劇、掉刀、蠻牌，孔三傳表演諸宮調等等，每天每個演出棚內總是人山人海，搶著看這些精彩的表演。

飯店裏的跑堂們也得身懷絕技，當客人走進飯館內，首先必須以上等琉璃淺稜碗接待，除了確定客人點餐時冷熱溫涼的要求，上菜時左手叉著三只碗，右手臂從手掌到肩膀共疊著約二十只碗，必須正確無誤地散發給客人，不容任何差錯。

各國使節在元旦朝會時覲見皇帝，大遼使者頭戴金冠，身穿紫袍，佩戴金蹀躞；西夏使節頭戴式樣短小的金冠，身穿紅袍，佩戴金蹀躞；回紇使者都是長鬍子高鼻梁，頭上纏著絲帛；于闐使節頭戴小金花氈笠，身穿金絲戰袍且束著腰帶；而南蠻五姓番的使節都梳著椎形髮髻，身披黑色氈衣。

公主出嫁時乘坐金銅檐子，上頭覆蓋修剪過的棕片，裝飾著滲金銅鑄的花朵，檐子四面垂掛著刺繡絲織品做的橫額與珍珠綴成的簾子，兩側廂壁處延伸的欄杆鏤刻金花，並以木雕人物裝飾。

肉販們將生肉、熟肉置於舖上任人選購，種類多樣如闊切、片批、細抹、頓刀等等，到了晚上還有爊爆熟食上市。從五更起，麵點師傅便開始擀製麵餅，等待入爐烘烤，種類繁多如油餅胡餅皆有，生意最興隆的是武成王廟前的海州人張家餅店與皇建院前的鄭家餅店。其他出售各種飲食的小販們對於飲食衛生和器皿都極為講究，就連衣著服飾也都不敢踰矩，如香料店的裏香人要戴圓帽，當舖裏的管理人則穿黑衣、繫角帶。

這本書的歷史背景

Timeline

一三六八 明太祖朱元璋於「應天」稱帝，以「應天」為南京，並定「大梁」為「北京」

一三五一 元惠宗至正年間紅巾軍起義，紅巾軍首領劉福通定開封為都城

一二一四 金宣宗為避蒙古威脅而遷都「南京開封府」

一一八七《東京夢華錄》初刻本刊行

一一五三 海陵王完顏亮遷都中都大興府，並改「汴京」為「南京開封府」，為金國陪都

一一四七「靖康之難」後，孟元老避地江南，遙想北宋徽宗年間繁榮光景，為免日後流傳訛誤，因而著書《東京夢華錄》

一一二七 金國滅北宋，史稱「靖康之難」，開封改名「汴京」。同時，宋高宗定都臨安，是為南宋

南宋　元　明

一四五三 鄂圖曼土耳其帝國攻陷君士坦丁堡，終結拜占庭帝國

一三四八 歐洲爆發黑死病，造成歐洲約三至四成的人口死亡

一三三七—一四五三 英法百年戰爭

一三〇九—一三七八 法國王遷羅馬教廷於亞維儂，使羅馬與亞維儂各有一位教皇，史稱「巴比倫幽居」，影響十六世紀的「宗教改革」

一二九九 奧斯曼一世建立鄂圖曼土耳其帝國

一二一五 為限制當時英國國王的權力，要求簽署《大憲章》，成為日後英國憲法的基礎

一一九二 源賴朝建「鎌倉幕府」，開啟日本幕府時代

一〇九六 第一次「十字軍東征」，建立耶路撒冷王國

TOP PHOTO

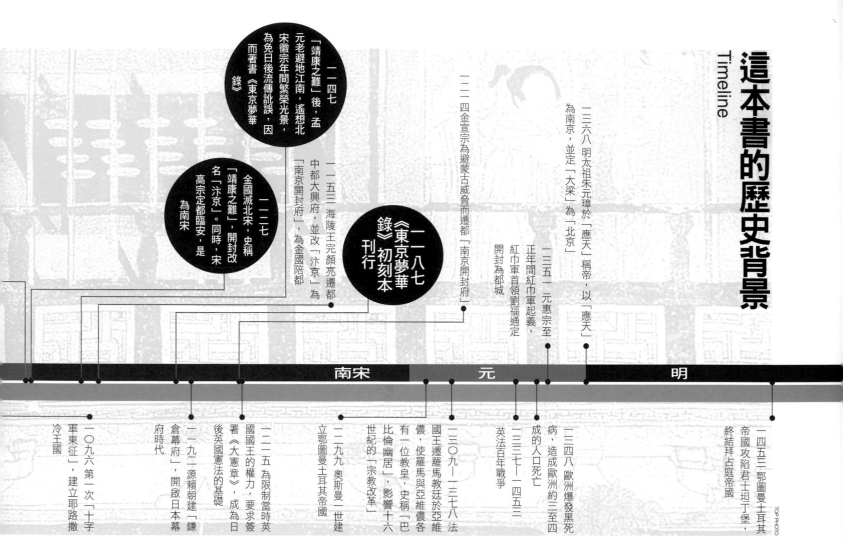

中國地區大事

前七五七—前七〇一 春秋時期鄭莊公命鄭邴築城朱仙鎮，定名「啟封」，取其「啟拓封疆」之意，後因避諱漢景帝劉啟之名而改為「開封」

前三六二 戰國時期魏惠王九年遷都於此，建「大梁」

前一八四—前一四四 西漢梁孝王劉武將開封定為其封國「梁國」的都城

九〇七—九五五 五代時期，後梁、後晉、後漢、後周皆建都於此

九六〇 趙匡胤建立宋朝，為宋太祖，定都汴梁，又稱「東京汴梁」

一一〇〇—一一二五 徽宗時期，張擇端完成《清明上河圖》並進獻徽宗，描繪京城「八荒爭湊，萬國咸通」的繁華風光。此時的汴梁為全國政治經濟中心，商業繁榮文化鼎盛，人口逾百萬，更有猶太移民經印度遷入，經皇帝御旨「歸我仲夏，遵守祖風，留遺汴梁」，使猶太人與漢人維持和睦關係，安居樂業

唐　五代　北宋

中國以外地區大事

八〇〇 查里曼大帝受羅馬教皇加冕，稱「羅馬人的皇帝」

九一〇 克呂尼改革，為天主教教會對抗內部腐化，擺脫世俗君王控制的重要改革，強化教皇的影響力

九六二 鄂圖一世受羅馬教皇加冕，稱「羅馬皇帝」，其轄區為「神聖羅馬帝國」

一〇六六 諾曼地公爵征服者威廉征服英格蘭

一〇七七 因遭開除教籍，神聖羅馬帝國皇帝亨利四世在雪地裏赤腳懺悔三天，請求教皇格列高利七世原諒，史稱「卡諾莎悔罪」

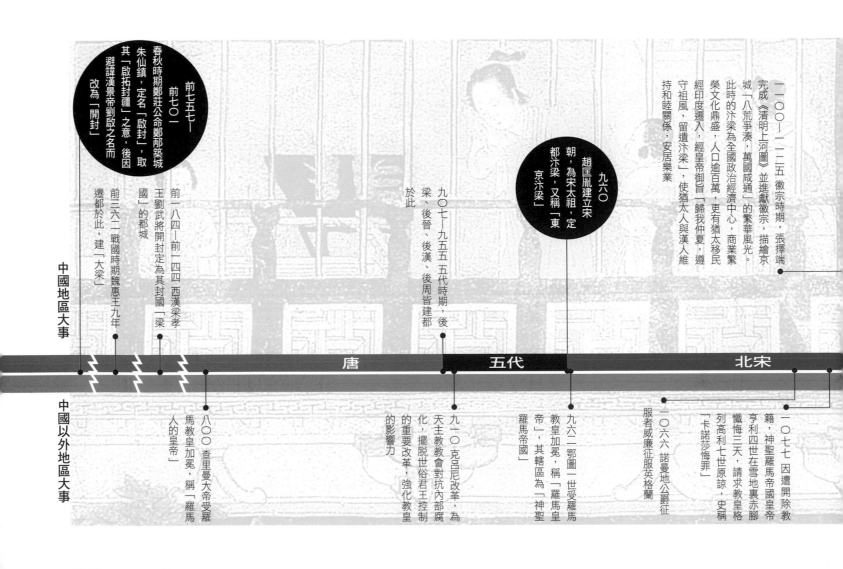

這部作品的事情

About the Work

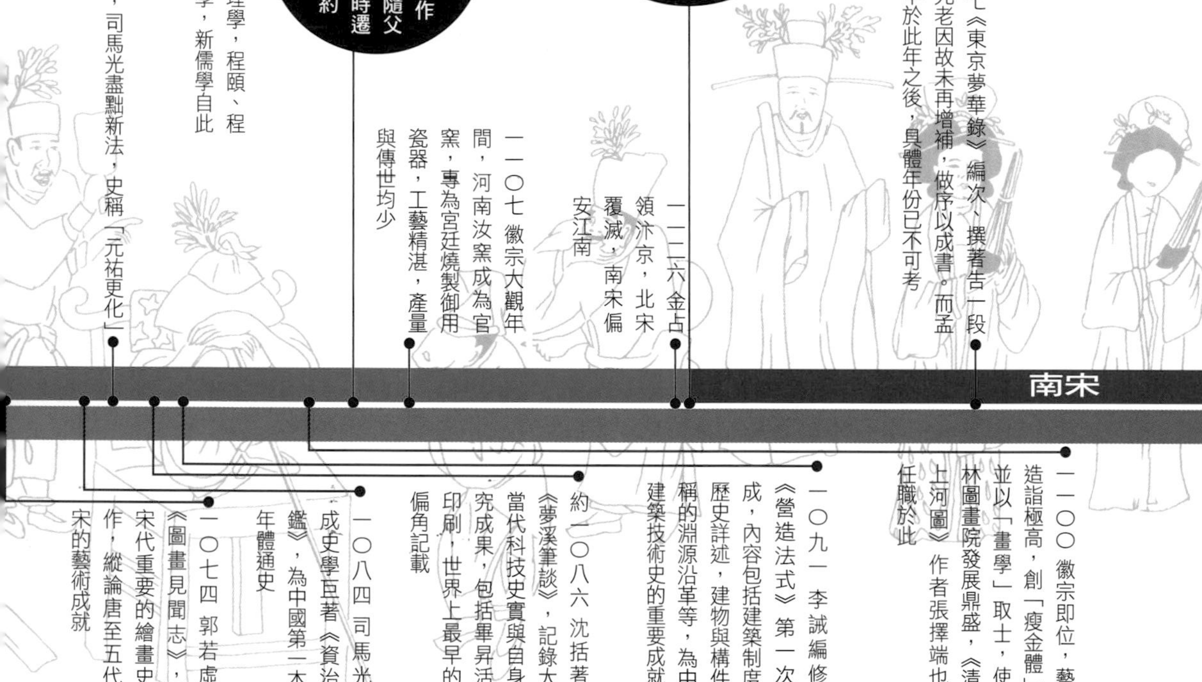

一一八七《東京夢華錄》初刻本刊行

一一四七《東京夢華錄》編次、撰著告一段落，孟元老因故未再增補，做序以成書。而孟元老約卒於此年之後，具體年份已不可考

一一二七
孟元老離開汴京而南下，避地江左，與時人論及東京景象，在悵然裏提筆記錄汴京當年盛況，追憶過往繁華，後完成《東京夢華錄》

一一二六金占領汴京，北宋覆滅，南宋偏安江南

一一〇七徽宗大觀年間，河南汝窯成為官窯，專為宮廷燒製御用瓷器，工藝精湛，產量與傳世均少

一一〇三
《東京夢華錄》作者孟元老，幼時隨父親宦遊南北，此時遷往東京，居住約二十三年

周敦頤、邵雍、張載創宋明理學，程頤、程顥接續發展並於嵩陽書院講學，新儒學自此成立，至南宋朱熹集大成

一〇八六元祐元年，司馬光盡黜新法，史稱「元祐更化」

南宋

一一〇〇徽宗即位，藝術造詣極高，創「瘦金體」，並以「畫學」取士，使翰林圖畫院發展鼎盛，《清明上河圖》作者張擇端也曾任職於此

一〇九一李誡編修的《營造法式》第一次修成，內容包括建築制度的歷史詳述，建物與構件名稱的淵源沿革等，為中國建築技術史的重要成就

約一〇八六沈括著書《夢溪筆談》，記錄大量當代科技史實與自身研究成果，包括畢昇活字印刷，世界上最早的磁偏角記載

一〇八四司馬光完成史學巨著《資治通鑑》，為中國第一本編年體通史

一〇七四郭若虛著《圖畫見聞志》，為宋代重要的繪畫史著作，縱論唐至五代北宋的藝術成就

劉晃元繪

這部作品的事情

一〇六九 神宗熙寧二年，王安石進行變法改革，涵括經濟軍事教育等方面，史稱「熙寧變法」，遭到許多守舊官員反對

一〇五四 仁宗至和元年，北宋天文官記錄宇宙超新星的出現，日後天文學家命名為「中國超新星」

一〇三四—一〇三八 仁宗景祐年間，城市發展迅速，朝廷使臨街的建築合法化，因此打破里坊制，產生如《東京夢華錄》與《清明上河圖》中住商混合的街景

一〇二三 仁宗天聖元年，交子正式發行，為世界上最早由官方發行的紙幣

一〇〇四 景德鎮製瓷進御真宗，於瓷器底書「景德年製」，一時天下競稱景德鎮瓷器

九八一 太平興國六年，定上元節燃燈五夜為制度，使元宵時節張燈結綵，如孟元老描述「燈山上綵，金碧相射，錦繡交輝」

九七九 太宗太平興國四年，張思訓改良製作大型銅渾儀，以水銀代替水為推動儀器運轉的動力，提高觀測精確度，此後不斷進行觀天儀器的改良

北宋

其他作品的事情

一〇七五 王安石回京任職途中作《泊船瓜洲》，「春風又綠江南岸，明月何時照我還」傳唱千古

一〇七二 周敦頤作散文名篇《愛蓮說》

一〇六七 黃庭堅登進士第，日後開啟江西詩派

一〇四五 歐陽修遭貶滁州，作《醉翁亭記》

這本書要你去旅行的地方

Travel Guide

開封

● **大相國寺**「相國霜鐘」為汴京八景之一，位開封市內。其中保存兩項國寶級文物，一為千手千眼觀世音，一為清代巨鐘。《水滸傳》亦多所描述，魯智深即是在此管理菜園，而《東京夢華錄》裏也描述此地每月開放五次的交易情況。

● **礬樓**（下圖右）位宋都御街北端，是一座供富商豪門、文人騷客等遊玩宴飲的樂園，宋徽宗與京都名妓李師師常在此相會，亦即《東京夢華錄》卷二提及的白礬樓。一九八八年重建之後，成為融吃喝遊樂購於一體的仿宋遊樂中心。

● **清明上河園**（下圖左）地處開封城西北隅，占地六百畝，是以張擇端《清明上河圖》為藍本，再見原圖景觀風物的大型歷史文化主題公園。園區分為南苑與北苑，南苑是展現市井風情的民俗文化區，北苑為園林造景的宮廷娛樂區。

● **開封博物館** 保存猶太教碑與生活器物，並透過相關摹本圖案，系統性地介紹開封的猶太歷史。

● **教經胡同** 原名挑筋胡同，位第一人民醫院附近，為北宋時猶太人居住地，分為南教經胡同和北教經胡同，今僅遺留當年猶太教堂的一口古井。

TOP PHOTO

TOP PHOTO

TOP PHOTO

吉林

TOP PHOTO

● **長春偽滿皇宮博物院** 前身為偽滿洲國帝宮，今為偽滿皇宮博物院，滿洲國定都於長春之後，溥儀將《清明上河圖》搬運於此，置放於書畫樓。

天津

● **張園** 溥儀於一九二五年攜帶《清明上河圖》遷居至此，而一九二四年孫中山也曾攜宋慶齡入住二十七日。今為天津市文物保護單位與天津歷史風貌建築。

TOP PHOTO

杭州

TOP PHOTO

● **宋城旅遊景區** 目前為中國最大的宋文化主題公園，以兩宋文化內涵為主，仿北宋汴京與南宋臨安城設計，按宋代營造工法重現宋朝都市繁華。

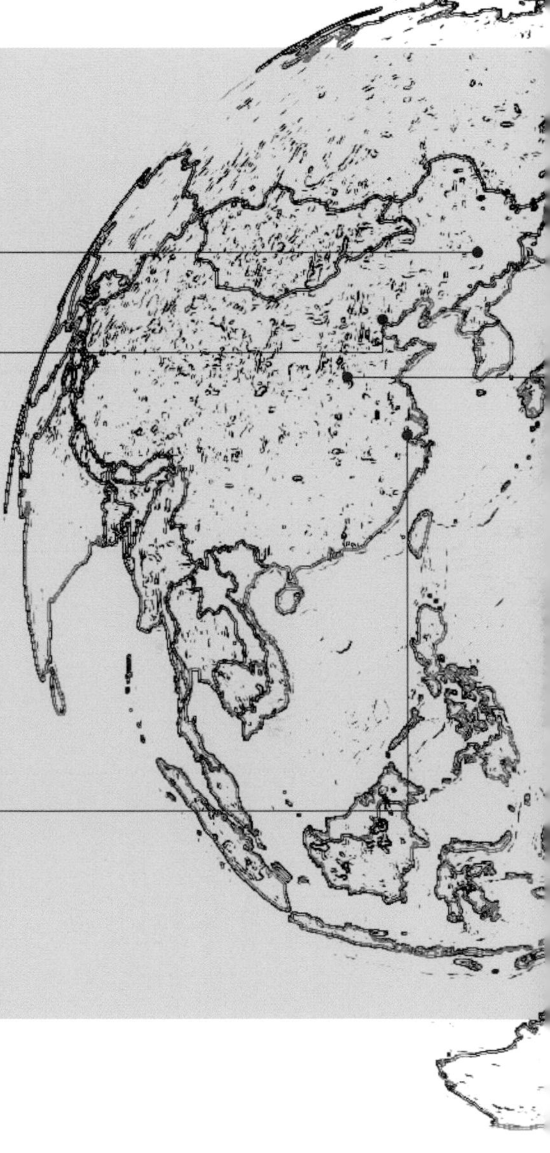

目錄
Contents

繁華之城 東京夢華錄

街心市井，愈夜愈美麗、愈夜愈熱鬧。商業繁榮的宋代，到處是商店，到處是攤販，商店從白天忙到深夜，開封的夜晚燈火輝煌，經常是通宵達旦。而晨起趕路作營生的商旅，卻已在街市吃著熱騰騰的包子，準備離京了。

向晚賣河婁頭面、冠梳領抹、珍玩動使之類。東去則徐家瓠羹店。街南桑家瓦子，近北則中瓦，次裏瓦。其中大小勾欄五十餘座。內中瓦子蓮花棚、牡丹棚，裏瓦子夜叉棚、象棚最大，可容數千人。自丁先現、王團子、張七聖輩，後來可有人於此作場。瓦中多有貨藥、賣卦、喝故衣、探搏、飲食、剃剪、紙畫、令曲之類。終日居此，不覺抵暮。

1.0

史學大師陳寅恪認為「華夏民族的文化，歷數千載之演進，造極於趙宋之世」。宋代是中國近代化的開端。宋代絲、茶、農業、造紙、燒瓷、紡織、漆器的生產等各方面都有很大的進步，還發明了活字印刷，教育普及，文風大盛。

一千年前，世界上最重要的城市是黃河邊上的開封。開封這座十一至十二世紀宋朝的都城，人口超過百萬。當時的開封非常繁華，八荒爭湊，萬國咸通，各國商賈雲集，儼然一個國際都會。同時期世界上的城市，日本京都的人口約是二十萬，西亞的巴格達才有三十萬人。

《東京夢華錄》完稿於南宋紹興十七年（一一四七），是北宋孟元老所著。《東京夢華錄》是第一部描寫都市景物的書，也像一本旅遊指南，或者說是購物地圖。作者孟元老自號為幽蘭居士，里貫、仕履付闕，身世是謎。他在書序中說，自幼追隨先人宦遊京師，徽宗年間，住在汴京城西的金梁橋西夾道之南，直到靖康之禍，一共住了二十三年。耳聞目染東京之繁盛，北宋亡後，避居南方，撫今追昔，不勝感慨。因此他所記的大都是徽宗年間（一一〇二～一一二五）的景況，包括城坊、河道、橋梁、宮殿、官署、街巷、寺廟、宮觀、酒樓、食店、醫舖、瓦舍以及四時節令的風俗，朝廷朝會、郊祀祭典、飲膳起居、歌舞百戲的盛況等等。在飲食生活、酒肆茶坊等，偏向娛樂消遣方面的記載，帶出孟元老吃得開、受禮遇的一面。在徽宗生日的天民節，除了描述當時是如何慶祝、如何鋪張，也帶出孟元老該是有特殊身分的貴胄子弟。孟元老以世家子弟記當時事，其言當必不虛。

北宋張擇端畫的《清明上河圖》也描繪了當年汴河繁忙的景象。在《清明上河圖》手卷後面的金國張著的題跋中，提到張擇端的身分是徽宗時候的「翰林」，畫建築一類的「界畫」很在行。張著的題跋是有關張擇端生平的唯一記錄。當時人畫當時事、當時人寫當時事，是最具說服力的。下文將

《東京夢華錄》 由孟元老所著，共分十卷。作者以報導文學的筆法，將北宋徽宗崇寧到宣和年間（一一〇二～一一二五），都城汴京的繁華景況，書寫成篇；內容包括描繪城市建物與機關的位置和布局；街巷坊市、店鋪酒樓的特色風味，以及當時東京的民風習俗、時令節日、飲食起居、歌舞百戲等等，鋪展成一幅幅鮮活的城市文化風景。

本書對東京城的市容、物產和歲時節令敘之甚詳，一方面可佐正史典籍之不足，另一方面也為後世研究宋代社會生活、經濟文化等面向，提供了詳備的資料。而此書既為追憶故國舊都之作，便較之純粹敘述地方風物的筆記作品，多了一股緬懷及不勝欷歔的感慨。

汴京城平面示意圖 劉晃元繪

本書有特別介紹的地點：

❶宣德樓 p.20-p.26
❷御街 p.26
❸車家炭、張家酒店、 王樓山洞梅花包、
李家香舖、曹婆婆肉餅、李四分茶 p.26-28
❹遇仙正店 p.28
❺國子監、太學 p.30
❻中太一宮、明麗殿、九成宮 p.30
❼南薰門 p.30
❽凝祥池 p.32
❾州橋夜市 p.32
❿鬼市子 p.34
⓫界身 p.34
⓬東角樓 p.36
⓭豐樂樓、白礬樓 p.36-37
⓮馬行街、大骨傳藥鋪、杜金鉤家、曹家獨勝丸、
山水李家口齒咽喉藥 p.40
⓯相國寺 p.42-43
⓰新門 p.44
⓱于道士賣齒藥 p.50
⓲甕市子刑場、都亭西驛 p.50

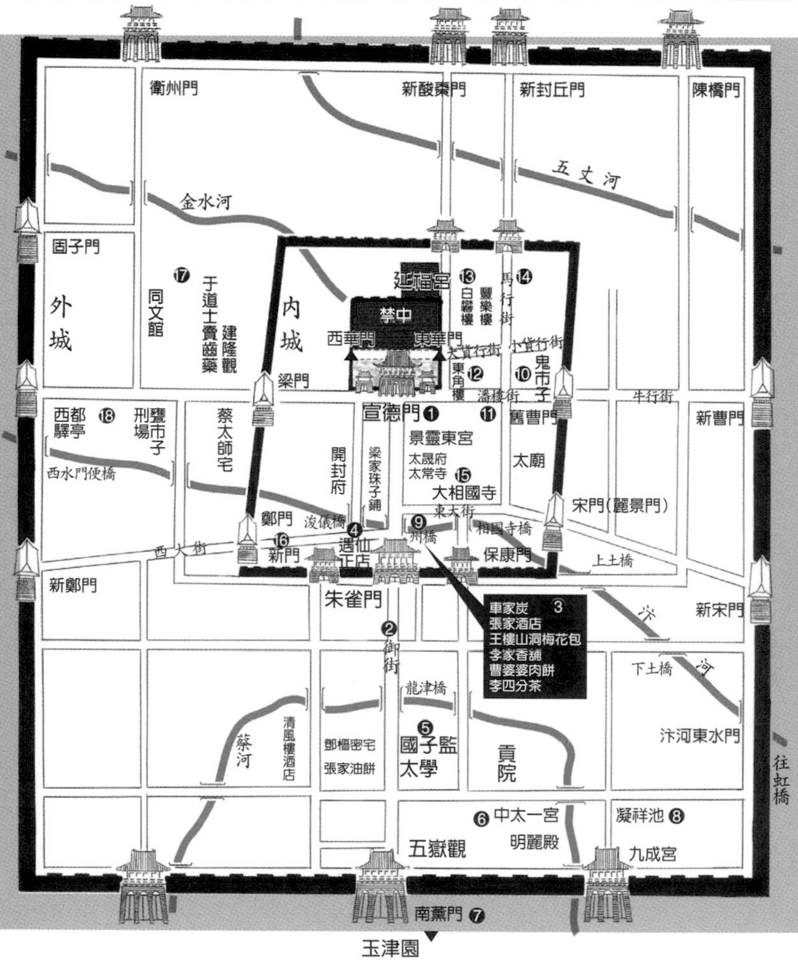

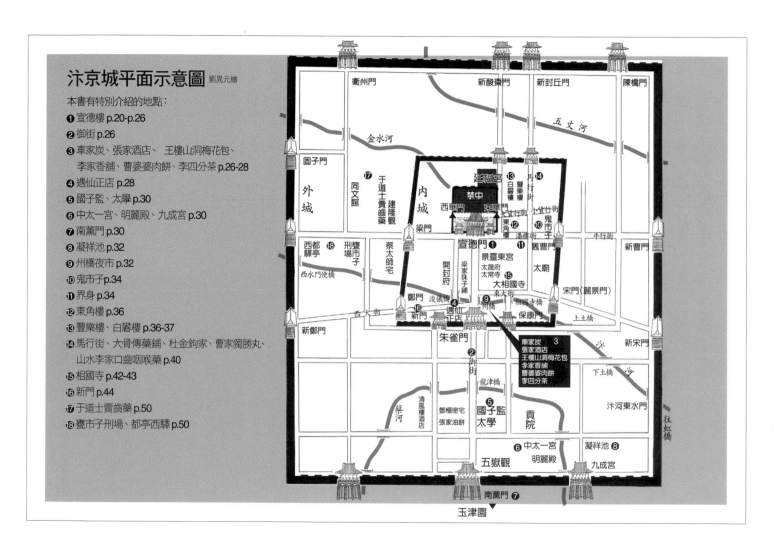

以孟元老的文字與張擇端等畫家的作品，來呈現北宋時期的東京風貌。

東京的地理位置

開封位於華北平原的南端，河流、湖泊密布，水陸交通四通八達。開封在戰國時代是魏國的都城，叫做大梁，唐末稱汴州，五代時曾是梁、晉、漢、周的首都。宋太祖趙匡胤仍建都於此，並下令依照洛陽宮殿的格局加以擴建，也稱為汴梁、汴京或東京，和西京洛陽分庭抗禮。北宋時期，開封作為宋朝首都長達一百六十八年，歷經九代帝王。

孟元老記載：「自西京洛口分水入京城，東去至泗州，入淮。運東南之糧，凡東南方物，自此入京城，公私仰給焉。自東水門外七里至西水門外，河上有橋十三。」開封之所以能成為一個「八荒輻輳，四面雲集」的都市，就是因為有了這條煙波浩瀚的汴河，它把黃河和長江聯繫起來。

汴河使各地的糧食和物資，例如來自江西景德鎮的瓷器，四川、杭州的綢緞織品、太原的刀、蘇州的鹽巴等，得以源源不斷的運進開封。這條河上舟船如織，日夜不停，承載著糧食、絲綢、麻布、瓷器等大宗商品，東、西往來運送，我們看到很多縴夫拉著縴船，好讓船隻泊岸停靠。

東西穿城而過的汴河，東流到泗州（今江蘇盱眙），入淮水，是開封的生命線，也是東南物資漕運東京的大動脈。僅糧米一項，每年由汴河漕運到開封，就達八百萬石。根據《夢溪筆談》卷三，宋代一石合九十二點五宋斤。因此一石大米就有五十九點二公斤左右。

虹橋是汴河十三座橋之一，跨距有二十公尺，橋拱無柱，全以巨木架構，再用鐵零件連結，宛如飛虹，又叫做「飛橋」。另外還有沿河往西行的上土橋、下土橋也是同一工法；南宋初，為了防止金兵以舟船運兵進逼，做軍事布建，摧毀了所轄境內的汴渠水道。

都城汴京　是當時世界上規模最大、最繁華的城市。北南兩宋，儘管實際統治的疆域有限，卻一度創造了中國最偉大，而世無可匹的經濟實力。造就汴京繁華的原因，首先是其便捷的交通網絡。汴京的輻射交通自前朝即已開始發展，至宋朝更趨完善。作為貨物集散的重要交通樞紐，人口自然集中、商業自然熱鬧蓬勃。另外，宋太祖建國之後，為落實「強幹弱枝」的政策，將國都選建此處，以使囤駐的天下重兵可方便獲取足夠的糧食與資源補給。而既是天子駐地，官宦世家、名人雅士自當匯聚一堂；富貴進駐逼人、墨客競灑風雅，歷經幾世太平，商賈市民也逐漸感染了閒適之氣，此風助長了城市經濟的歡騰發展，也造就了汴京這樣一個生機勃勃的繁華都會。

（左圖）《清明上河圖》中的汴京虹橋。因外型如天上彩虹，故名虹橋。

《清明上河圖》展現了林立的茶樓酒肆、百行百業的店舖、忙碌的船隻、神態各異的城市居民，還有古樸的拱橋、依依的楊柳，反映出當年人口稠密的汴京的無比繁華。冬季的汴河要進行清淤，因此需要停運四個月，而清明節是朝廷規定的漕運頭船進入汴水的日子，我們在圖中看到的就是清明時分，漕運船進入汴河時的熱鬧景象。橋上橋下，船上岸邊一派喧鬧榮景。

張擇端《清明上河圖》 原為宋徽宗所收藏，靖康之難，北宋兩百年積蓄，為金人畢取，宋朝皇室的文物重器經此浩劫，完全星散，此畫卷在接續的朝代裏，流轉於宮廷、朝臣與巨賈之間，直到一九五〇年歸公，現藏於北京故宮博物院。

都城平面圖

鄧之誠注《東京夢華錄》的序文中指出，作者孟元老像其他的中原人士、北宋遺老一樣，播遷到兩浙，充滿故國故鄉之思。孟元老在開封住了二十三年，僅敘述徽宗崇寧到宣和間的太平景象。當時的豐亨豫大、奢靡無度，是天下敗壞的主因，孟元老竟不作一語點明，沒有嗟歎、悲感、渲染，而讓讀者細細咀嚼，不愧是白描高手。

《東京夢華錄》的第一卷是對汴京都城的描述，若是邊讀邊做筆記，讀完後整個東京平面圖也就畫出來了。開封有三道城牆，分別是宮城、內城、外城，城外有河面很寬的護城河（見15頁）。

城內橫穿四條河，由北到南，五丈河、金水河、汴河與蔡河，均通過護城河互相連通，護城河有如城市的外環道路。由於汴河沿線往來舟船、客商絡繹不絕，東京河段的夾河兩岸自然成為萬頭攢動、人口匯聚的繁華場所。

宮城大內

宮城等同大內，南面開三個門，東、西、北三面各一門，在東華門與西華門之間有一條橫街，街南為外廷所在地，街北為皇帝所住的內宮。徽宗時蔡京進行擴建，把內酒坊諸司以及軍營等都遷往他處，用崇大宮室來諂媚徽宗。因徽宗信奉道教，玉清神霄宮、上清寶籙宮等相繼建成，又增建延福

（左圖）《清明上河圖》中汴河上的客船。汴河上的船隻，以貨船及客船為主，畫中的船隻有些已靠岸，有些由縴夫拉著向岸上前進。

宮。更有甚者，在宮城東北興建艮嶽，引曲水注入山間，窮極巧妙。四方花竹奇石走獸，全集於此。

宣德樓

著名建築歷史學家傅熹年，根據遼寧博物館所藏《瑞鶴圖》與《大晟府鹵簿銅鐘》上的有關紋飾，得知宣德樓的樣貌。出自徽宗御筆的《瑞鶴圖》，只對宣德樓宮殿的屋宇取景，構圖很有創意，畫面兩側也僅露出宮殿一角，祥雲繚繞中，可以想像整座宮殿的雄偉。這幅畫上有徽宗瘦金體的跋文。當年末代皇帝溥儀夾帶了這幅畫出宮，後來流落東北，於今為遼寧省博物館收藏。

徽宗跋文記載，政和二年（一一一二）正月，汴京上空忽然群鶴翱翔，盤旋不肯離去。此情此景，徽宗認為是祥雲伴著仙禽前來報告祥瑞——國運昌盛之兆，於是欣然作畫。屋頂是綠釉筒瓦，屋頂下還露出部分斗拱，宣德門正脊兩端，安置鴟吻做裝飾，造型採龍張口想吞屋脊的樣子。龍頭魚尾的「鴟吻」，一般認為是像鴟的魚，根據《唐會要》的說法，海中有鴟吻，激起浪花就能降雨，於是把鴟吻的形貌放在屋頂上，傳說能厭勝避火災。

蔡京當權時，把皇宮的正南門宣德樓的三門改成五門，峻桷層榱，覆以琉璃瓦。兩旁各有朵樓，平面呈冂字形。每年正月十五日元宵節，宣德樓上，欄杆結綵，垂著滾黃邊的簾子，裏面擺設皇帝御座。孟元老描述在左右禁衛之門上寫有「宣和與民同樂」的大牌，兩旁的朵樓掛上特大號燈毬，裏面點亮很大、很粗的椽燭。宣德樓下廣場搭出一座露台，就是舞台，兩邊禁衛隊排立，負責維安，徽宗皇帝與百姓分別在樓上與露台下一同觀賞表演節目，教坊裏的樂人不時地引領百姓山呼萬歲。回音繚繞，不絕於耳。

通高一八四公分的鹵簿鐘鑄於徽宗宣和時期，是形體正圓的筒形鐘，而不是先秦的合瓦形。鐘身花紋由弦紋上下分隔

「大晟」 是北宋王朝的宮廷樂府名，專務在國家重大慶典中，擔任典禮司樂的工作。此機構約成立於宋徽宗崇寧三年（一一〇四），當時在河南商丘出土了六件春秋時期的《宋公成鐘》，被視為祥瑞，皇帝因此下令設大晟府，重製新樂。大晟編鐘就是演奏新曲、統一標準音律的樂器之一。大晟鐘鑄成之時，徽宗皇帝讚其聲韻清越，乃「宋樂之始」，昭示了歌舞昇平的太平盛世。不過十餘年間，靖康之變，金兵攻陷東京，擄去徽、欽二帝，大晟府樂器、儀仗、鹵簿，冠服、禮器、府庫蓄積，為之一空。現知大晟編鐘約有十多件傳世，其中台北故宮博物院三枚、北京故宮三枚、遼寧省博物館一枚、開封市博物館三枚，日本和加拿大各有一枚。

◀宣德樓位置示意圖

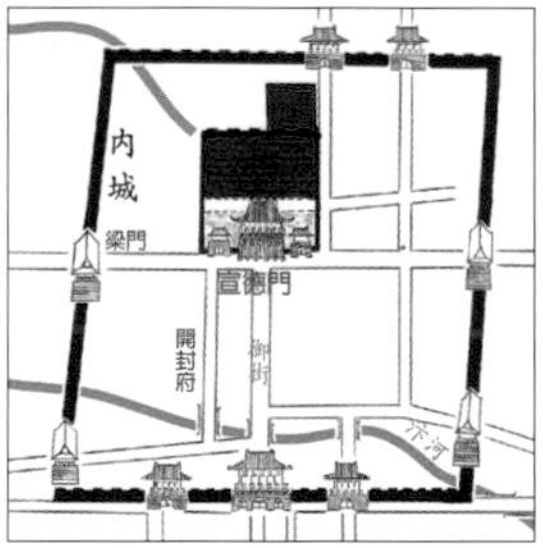

（左圖）宋徽宗款《瑞鶴圖》。《瑞鶴圖》是宋徽宗少數留存的御筆畫，畫中清晰可見屋簷的「鴟吻」。

遼寧省博物館藏

成五層：第一、二、三層浮雕陽紋「鹵簿儀仗」，宣德樓五大門都裝飾為金釘朱漆，這不但是當時流行的風尚，直到清朝，甚至今天外雙溪故宮博物院的大門，與山洞庫房大門依然是金釘朱漆。

天子出巡，車駕次第，叫做「鹵簿」。鹵簿展現威儀。冬至前三天，皇帝要去南郊祭天，鹵簿中有七頭大象，各以文錦被其身、金蓮花座安其背、金轡籠絡其腦、錦衣人跨其頸。其次高旗大扇，畫戟長矛，五色介冑。大旗以龍、或虎、或雲彩、或山河裝飾。千乘萬騎，威容壯大，出宣德門，導至景靈宮，行禮完畢，赴太廟，在太廟齋殿住一晚，拜祖宗。第二天，出南薰門，巡仗至玉津園、郊壇，登壇祭天。

宮殿格局

故宮博物院藏品《景德四圖》中的《太清觀書》，可見北宋宮殿格局的相貌。太清樓是皇宮裏的一部分，建築結構單純，殿身面寬七間，中間的一間柱距較大，兩旁依次遞減。《太清觀書》是描述宋真宗景德四年（一〇〇七）的史實，真宗召群臣到皇家藏書處──太清樓，觀賞宋太宗御書及新編寫出爐的四部類書：《太平御覽》、《太平廣記》、《文苑英華》、《冊府元龜》的情景。匾額懸掛於樓閣上層，前簷正中，牌心書有「太清之門」四字。

屋頂是重簷歇山頂，正脊兩端裝飾鴟吻。中國古代高層建築是由台基、柱、斗拱、屋簷、平坐，沿垂直線方向逐級疊加而成，斗拱是為了減少橫梁與立柱交接點上的剪力所設計的特有部件，由幾件梯形木塊──斗，和肘形長木塊──拱，層層裝配而成。此圖斗拱用材較大，合乎李誡《營造法式》規範七間殿宇的用材（注：《營造法式》書成於宋哲宗元符三年〔一一〇〇〕，徽宗崇寧二年〔一一〇三〕頒行各郡官署，作為營建工程通行的法式，是中國古代建築技術專

（左圖）宋《大晟府鹵簿銅鐘》。此鐘鑄於宋徽宗宣和時期，第一、二、三層可見當時皇帝出巡時的鹵簿儀仗。

張臨生提供

書。梁思誠、林徽音的兒子叫梁從誡，含義很清楚，看得出他們多麼崇拜李誡）。殿堂採用設東西階的做法，左右對稱，供賓主升降之用。這是按《儀禮》，主人阼階，賓客西階的傳統。畫中可見散水磚設於台基下四周，以受屋簷上滴下的雨水。

天章閣裏的皇帝后肖像

宣德門旁邊的左掖門裏是明堂。右掖門裏是天章閣，奉安真宗皇帝的圖籍、符瑞、寶玩之物以及祖宗御容肖像。參考清宮壽皇殿內供奉擺放的祖宗御容檔案照片，壽皇圖像前都設祭台，擺上七珍八寶和五供，一樣不缺。

故宮博物院的南薰殿歷代帝王帝后像中，北宋歷代皇帝的肖像，諸位看到宋代從開國到徽宗以前的皇帝：太祖、太宗、真宗、仁宗、英宗、神宗、哲宗七位，此處順便也觀賞一下真宗劉皇后的肖像，因為劉皇太后曾著天子袞衣入太廟行禮之故。

真宗趙恒的劉皇后是宋朝第一位攝政的太后。劉娥曾嫁給銀匠龔美，跟著從四川到汴京謀生。劉娥與當時還是皇子的趙恒相識，因她的出身，之後的十五年，飽受波折。真宗即位後，劉娥入宮，並讓龔美改姓，做自己的兄長，是為劉美。劉娥的侍女李氏，為真宗生下一子，劉娥納為己子，即後來的仁宗；真宗並在群臣反對的情況下，封劉娥為皇后。劉皇后才華超群，熟知政事，襄助真宗（吳越王後人錢惟演之妹後來嫁與劉美為妻。）真宗遺詔曰：太子趙禎即位，皇后劉氏為皇太后，軍國重事權取皇太后處分。仁宗登基時才十一歲，皇太后處理政務，號令嚴明，賞罰有度。明道二年（一〇三三）二月，祭太廟大典，皇太后自覺來日無多，想要實至名歸，生前冀能穿一次天子袞冕，便提出要求，雖群臣大諱，卻只得妥協依從，劉皇太后著天子袞衣、頭戴儀天冠，步入太廟行祭典初獻之禮。並接受群臣上的尊號。自

（左圖）宋李誡《營造法式》。中國古代建築由斗栱、屋簷、樑、柱、平坐等構成，其中斗栱間的彩畫有固定的制度圖，顏色美麗繽紛，從《營造法式》一書中可窺知樣貌。

此，完全還政仁宗。不久病逝，享年六十五。

大內外的市井風貌

《東京夢華錄》第二卷是介紹開封府城內，宣德樓前御街的狀況。

「城市」，城和市最早連起來使用可以上溯北宋。汴京打破唐代市、坊分離的制度，也就是說唐代以前住宅區和商業區分開，每個住坊都被高牆圍起來，夜則閉戶；商店區，也有高牆大門，夜間閉戶。如此住商互不干擾，如果遇上兵災、火災都好做控管。到了北宋，由於商業需求太大，取消宵禁，從此城開不夜，把坊改為街道巷弄，住商分離與街坊封閉制度遂解體。

宮城正門宣德樓和內城正門朱雀門之間，設置了丁字形縱向的宮前廣場，大街一直往南去，出南薰門，還通到城外玉津園，是往南郊祭天的道路，也是汴京最寬廣、最美麗的道路。

書中記載：「宣德門曲尺朵樓，朱欄彩檻，下列兩闕亭相對，悉用朱紅杈子。」朱紅杈子就是紅色漆塗的拒馬。宋畫《春遊晚歸》扇面，畫得好似宣德門外的場景，有著醒目的朱紅杈子。

御街上的香藥店

自宣德樓一直南去的御街，寬闊約二百餘步，兩邊御廊，各安立黑漆杈子，路心又安朱漆杈子兩行，表明閒雜人等遠離此區。行人可以走在廊下朱杈子之外。

御街兩旁有景靈東、西宮，大晟府，太常寺（原來是開封府納稅所），開封府、唐家金銀鋪、溫州漆器什物鋪、大相國寺、百鍾圓藥鋪、梁家珠子鋪、車家炭、曹婆婆肉餅，李家香鋪等店鋪（見15頁）。參考《清明上河圖》一景，有「劉家上色沉檀揀香、王家羅錦匹帛鋪」等店家寶號。李家

TOP PHOTO

（右圖）宋人《春遊晚歸》。畫中清晰可見醒目的朱紅色杈子。

（左圖）《清明上河圖》中特別打亮標示處為「王家羅錦匹帛鋪」及「劉家上色沉檀揀香」招牌。

兩宋時期香藥的引進主要是與醫療有關。 中國海路運輸發達，與東南亞、南海諸國的貿易往來日益頻繁。而在這些進出口的交流中，以香藥為最大宗。旅居中國的穆斯林將香料的功效與用法等相關知識一併傳入，這些香料遂變成藥材、藥方，融入宋代醫學體系。

其次包括有交趾國（越南北部）、占城（越南南部），向中國輸入犀角、玳瑁、乳香、沉香、龍腦、檀香、胡椒、豆蔻等；另外阿拉伯（大食）以進貢方式引進不少香藥與醫藥相關著作，讓宋人進一步了解外國醫學。

香舖可以對應《清明上河圖》的劉家香藥舖。香藥在宋代應用很廣，包括祭神禮佛用的焚香、薰香、香囊、香球、花蠟燭等。北宋海外貿易主要進口的貨物是香藥、象牙、犀角、珠寶。一九七四年，泉州古港出土的宋船上，乳香、龍涎香、檀香、沉香等就多達四千斤，所以又叫做香藥貿易。林天蔚教授曾寫過《宋代香藥貿易考》，香料豐富了中藥材的內容，也是奢侈品，和茶、鹽、白礬一樣，都為政府賺取大量的利潤。《宋史・食貨志》：「宋之經費，茶鹽礬之外，唯香之為利博，故以官為市焉。」所以政府要收歸專賣。《清明上河圖》畫面中，遠方的綢緞莊「王家羅錦匹帛舖」，衣料舖是王家經營的，裏面坐了好幾位顧客。

同一場景，街上一輛「太平車」迎面疾奔而來，駕車人在中間，一手捉住鞭子駕馭前面的騾子。太平車前面有一位紳士拿著扇子遮住臉，像出家人喜歡拿麈尾說法、棋士拿著扇子下圍棋那樣，一派從容，可以避免手足無措之感。但此地還有妙用，河南大學周寶珠教授考證出，扇子主要是做「便面」，如果碰到熟人，沒有心情，不想寒暄，就用扇子遮蔽一下，對方不以為怪，因此有「以扇遮面，則其兩便」的說法。

TOP PHOTO

（右圖）出土的沉香。

（左圖）《清明上河圖》中太平車及車前拿扇子遮掩面的男士。

西大街上的酒店

朱雀門街西，過橋，即投西大街，謂之麴院街，街南是大名鼎鼎的遇仙正店（見15頁），前有樓子、後有台，腹地寬廣，最是酒店上戶。算是頂級酒店，銀瓶酒七十二文一角，羊羔酒八十一文一角。

根據出土文物的考證，湖南湘潭的銅砝碼，因為宋代一斤＝十六兩＝六百四十公克，所以一兩＝四十公克，又一常衡盎司＝三十一點一公克，（水才是一盎司＝二十八點三公克，）今天保守的說一盎司黃金＝一千美元，那麼宋代一兩黃金約值台幣四萬一千一百五十二元。古代貨幣通常都會用

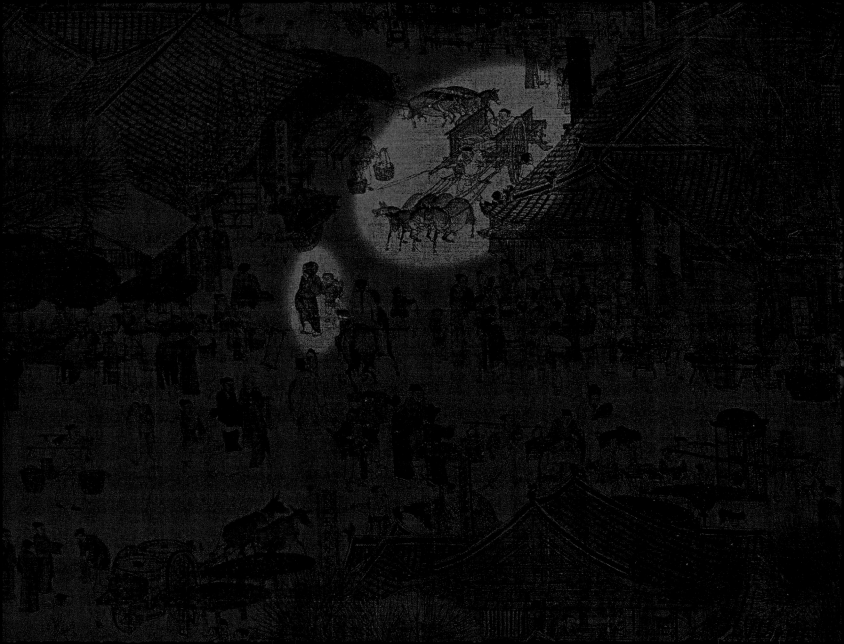

這個標準，就是一兩黃金＝十兩白銀＝十貫銅錢＝一萬文銅錢。準此，一文＝台幣四點一元，銀瓶酒約台幣二百九十五元，羊羔酒約台幣三百三十二元。

TOP PHOTO

稅務所及文教機構

參考《清明上河圖》的一景，北大文博學者杭侃考證出在城門前的是一間稅務所，沒有招牌，門口放著一些貨，屋內一稅官在登記、一人在核驗，屋前另一名稅吏在比畫指點著。當時商稅有兩種，一是過稅即流通稅；一為住稅即交易稅，前者大約每千錢抽課二十，後者每千錢抽課三十，並無定制，在每個城門設收稅關卡，由監門官來課稅。

出了朱雀門，過龍津橋南去為文教機構：太學、國子監。國子監印刷局負責大量編印書籍，印書的雕版高達十多萬片。書籍的普遍，使得寒門弟子都有讀書、參加考試的機會。往東到禮部貢院，就是專為考試設的試場。試經生時，為了防止作弊，試場管控得非常嚴格，帳幕全撤，沒有死角，也不供應茶水，渴了只能飲硯台裏的水，人人皆黔其吻，喝了一嘴墨，像吃了義大利墨魚麵一樣。

▲太學、國子監的地理位置示意圖

（右圖）宋代青銅銅甗。
（左圖）《清明上河圖》中的稅務所。畫中稅吏一人在登記、一人在檢驗，登記的官員似乎還是赤足的。

南郊的銅器鑄瀉務

南薰門裏的五嶽觀，最為雄壯。再過去有中太一宮、明麗殿、九成宮等，宮內安頓徽宗鑄的九鼎，官家鑄銅器的鑄瀉務作坊就設在不遠的南郊。

宋代的太樂到徽宗時，已經歷了六次改正。四川來的道教方士魏漢津，最會拍馬屁、出主意，認為應以徽宗手指為律度鑄鐘，製成大晟之樂，用於郊廟祭典。魏漢津也建議鑄九鼎，九鼎鑄成就以中太一宮之南為殿安置，名曰九成宮。徽宗一心想有所作為，以「制禮作樂」為己任。歐陽修、劉敞、李公麟、陸佃、呂大臨等學者們從格物的研究所得，知

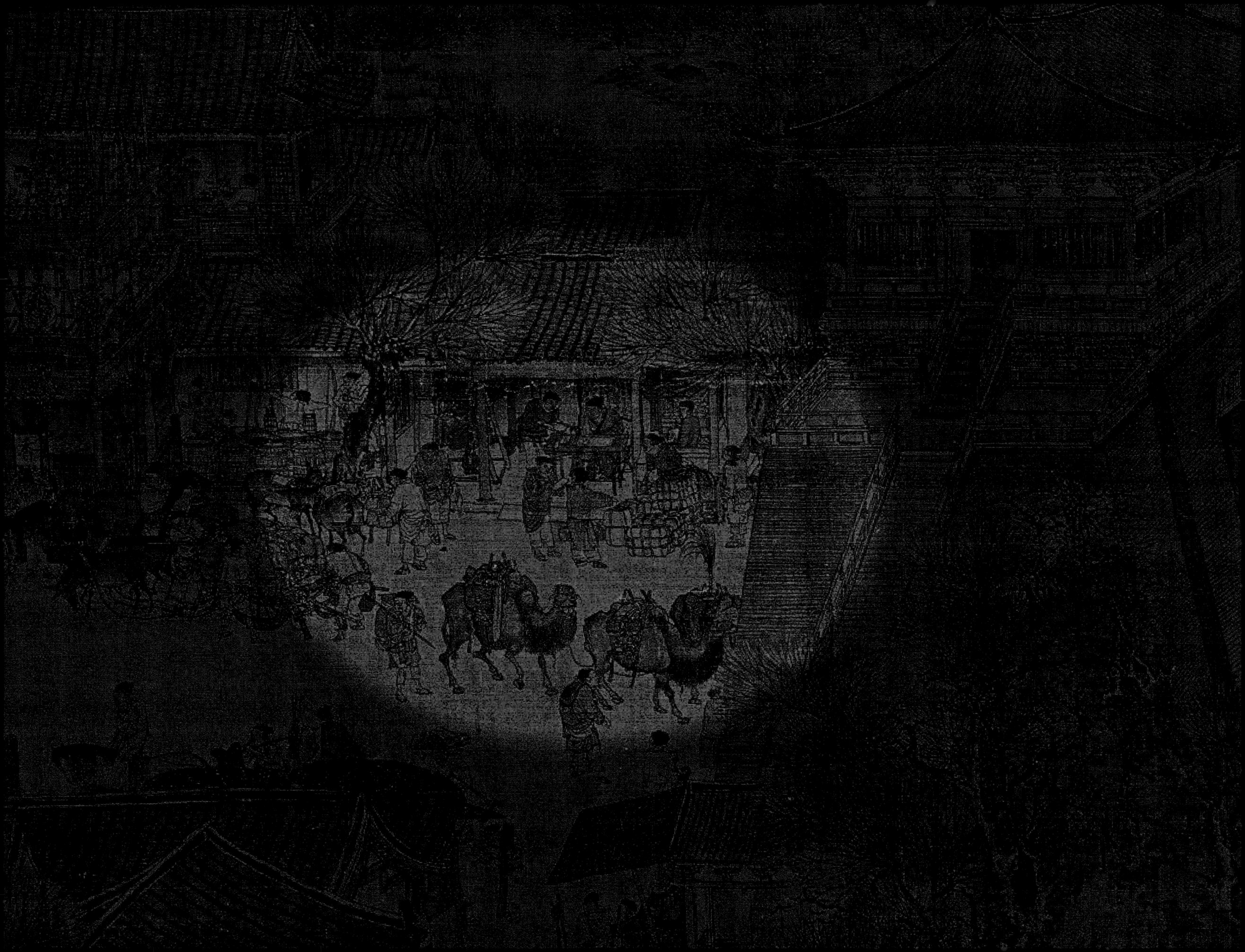

道《三禮圖》缺失太大，徽宗大觀初，把宮裏秘閣所藏三代鼎彝的形制與當時根據《三禮圖》所做的祭器對照，無一符合，表示禮已失傳。徽宗抱著「必革千古之陋，以成一代之典」的決心，取法商周鼎彝，鑄造政和禮器，氣象一新。傳世的《大晟鐘》與《政和鼎》，形制花紋都中規中矩，可見努力的成效。

再往東即凝祥池。垂楊夾岸，菰蒲蓮荷，水鴨游泳其間，亭台樓榭，棊布相峙，每年正月十四日，皇帝便在五嶽觀、凝祥池，賜宴群臣。而每年清明節這一天，則開放給百姓燒香、遊園觀光。

尋常士庶百姓的殯葬車輛，都不准經由南薰門出去，因為此門正與大內相對，犯忌諱；唯民間所宰豬隻，須從此入京（請參照《清明上河圖》養豬民戶一景）。每天從早到晚，約有一萬頭豬進京，豬隻很有秩序，只需用十幾個人驅趕，沒有亂跑的。若說一頭豬可供一百人一天食用，一天宰殺一萬頭豬，不就說明汴京城裏人口起碼有上百萬了嗎？葛劍雄《中國人口史》指出，北宋（包括遼、西夏、大理）的總人口達一點四億；汴京已經高達二十六萬餘戶，以每戶五人來計算，約為一百三十萬人左右，加上長年駐軍約四十萬，共達一百七十萬人。

州橋夜市

《東京夢華錄》中記述，出了朱雀門，直至龍津橋為州橋夜市。街心市井，愈夜愈美麗、愈夜愈熱鬧。商業繁榮的宋代，到處是商店，到處是攤販，商店從白天忙到深夜，開封的夜晚燈火輝煌，經常是通宵達旦。而晨起趕路做營生的商旅，卻已在街市吃著熱騰騰的包子，準備離京了。當街的野狐肉、雞肉乾、鵝鴨、雞兔、肚肺、鱔魚包子、雞皮、腰腎、雞雜，每種不過十五文錢，價廉物美。除了凍魚頭、薑豉子、抹臟紅絲、雞皮麻瓜、薑辣蘿蔔。夏日涼品如冰雪冷

（左圖）《清明上河圖》中的養豬戶，畫中有六隻小豬，反映宋代庶民食豬肉之俗。

丸子、綠豆甘草冰、甘草冰雪涼水……冬天熱食如旋炙豬皮肉（現烤豬皮肉）、萵苣筍、野鴨肉、豬內臟、鹹菜、杏片，炸簽（炸肥腸），這些都算是雜嚼零嘴，賣到三更半夜。

東角樓東南街區

自宣德樓往東走到東角樓，是汴京皇城的東區另外一個商圈，是一個比較高級的潘樓街商圈。街市，顧名思義，以街為市，店鋪攤販沿著一條街為市，東京以主要幹道稱「街」，如馬行街、潘樓街、東華門街、汴河大街為主軸，從旁分枝、延伸出去的小街叫「巷」，如甜水巷、榆林巷、浴堂巷等。仁宗、神宗時開始用街巷稱呼各區域。夜市裏，商店酒樓食館林立，燈火通明，州橋夜市（南）、馬行街夜市（東北方）、潘樓街夜市（正東，此地還有以物易物的「鬼市子」）是三個著名的夜市，都有酒樓、飲食店、茶坊、勾欄瓦舍、妓館等等。

這區潘樓街的南通一巷，叫做「界身」，是金融大街、金銀綵帛交易之所。屋宇雄壯，門面廣闊，每筆交易，動輒千萬，駭人聽聞。潘樓酒店，買賣衣物、書畫、珍玩、犀玉、羊頭、肚肺、野味、螃蟹、蛤蜊之類。飯後點心，如棗餬、蜜煎雕花之類，都屬於精緻美食。

附近舊曹門街，有北山子茶坊，仕女往往夜遊喫茶，此區的藥鋪像李生菜小兒藥鋪、仇防禦藥鋪、下馬劉家藥鋪，都很有名。

界身北巷附近有孫殿丞藥鋪、靴店。巷口有間賣藥材的宋家生藥鋪，非常出名，鋪中兩壁上，都是大畫家李成所畫的山水，大家喜歡去那個藥鋪子買藥順便賞畫。李成的作品傳世者罕見，美國耐爾遜美術博物館（The Nelson-Atkins Museum of Art, Kansas City）所藏的《晴巒蕭寺圖》堪稱代表作。

「鬼市子」一詞，最早出現在《東京夢華錄》卷二《潘樓東街巷》條中，文稱此種市集：每五更點燈博易，買賣衣物、圖畫、領抹之類，至曉即散。同卷《東角樓街巷》也提及此種市集販賣物品除了衣物書畫、古董珍玩外，還有不少小吃。後人研究將此早市冠「鬼」之名，約有幾種可能：一是買賣時間開始於夜市之後，至清晨破曉而散，這段時間恰是鬼魂漫遊之時，後有好事者附會了諸多靈異故事。第二種說法，稱此種市集所賣之物較不尋常，中間易夾有許多詐騙手法及偽劣品，故以「鬼」字諷其不實。宋代典籍如《諸藩志》，稱中國與西海（今日敘利亞）等地有貨品交易，名約鬼市。據此推論，「鬼市子」或有可能與舶來品的集散販賣有關。

（左圖）宋 李成《晴巒蕭寺圖》。李成，宋初畫家。《晴巒蕭寺圖》氣勢雄偉，是他傳世的代表作，畫中蕭寺特立山岡上，寺頂相輪清晰可見，四野林木茂密，瀑布飛瀉而下，山麓有茅屋、板橋，旅人。景色清幽靜謐，水榭茶屋中依稀見人啜茗其中。

TOP PHOTO

京瓦技藝

東角樓街巷街南桑家瓦子一帶，其中大小勾欄五十餘座。大的可容數千人。「瓦」是娛樂場所集中處，「勾欄」是戲曲技藝的演出場所。勾欄瓦舍，城開不夜，藝人丁仙現在教坊數十年，不只是諧謔，耍嘴皮而已，每每在皇帝前表演，藉著舞台演出，頗議正時事，言人所不敢言，往往因劇曲的演出，使下情上達。

展演娛樂活動可以在瓦舍中得到滿足。瓦肆中說書、演雜劇的名角有李師師（參考高陽的《少年遊》）、徐婆惜，還有張金線的懸絲傀儡，就是提線木偶，木偶的尺寸在一尺上下，四肢關節和頭部都連綴繩線。表演的人在上方手提線繩，操縱動作。另外講歷史的、說小說的、做散樂的、做皮影戲的、說諢話的，不一而足。看熱鬧的觀眾是風雨寒暑無阻，絡繹不絕。

簪花　宋代官服近於晚唐的寬袍大袖，但冠帽已是直腳襆頭，成為定制。教坊樂部裝束，皆仿之，裹長腳幞頭，在襆頭巾上插花。《宋史．輿服志五》：「襆頭簪花，謂之簪戴。」宋雜劇中，樂隊稱為「把色」。前列柏板，高架大鼓。擊鼓人兩手皆執杖擊之，宛若流星。旁有羯鼓，次列笙、篪篪柷之類。

雜劇腳色分為五類　末泥為長、引戲（後世戲曲中的旦）、副淨、副末、裝孤（扮官員者）。先做尋常時事一段，名曰豔段，豔段為開場白，再做正雜劇，通名為兩段，是雜劇的演出主體。

京城內的酒店

東華門外是生意最繁榮的地方（見15頁地圖），因為大內禁中在此買賣，凡飲食、歲時果瓜，天下之奇，魚蝦鱉蟹、海鮮野味、金玉珍玩衣著，應有盡有。蔬菜、茄瓠之類，只要新鮮，不在乎價錢，後苑諸閣的宮妃夫人爭相以高價購買。

豐樂樓酒店位於東華門外皇宮旁，三層相高，五樓相向，夠排場，各用飛橋欄檻，明暗相通，燈燭晃耀，珠簾繡額，座上客常有千人之多。小閣間的包廂是一間一間，具有私密性。

這兒原來是經營白礬買賣的地方，叫白礬樓，明礬是硫酸鹽類的礦物，《神農本草經》稱作礬石或明礬。產於甘肅、山西、河北等地。加水溶解，過濾，蒸餾析出的結晶即為白礬。多用於治療皮膚病，疥癬、惡瘡、腳汗及狐臭等。後來白礬承包商運作不善，才改為酒樓。根據《宋會要輯稿》的

（左圖）陝西省韓城市宋代醫官墓出土壁畫，畫中一行人正在表演戲劇，兩旁有樂隊奏樂。握笙的女子容豔過人，戴團冠。宋代民間冠帽也有種種流行，婦女髮式和花冠，是當時對美追求的重點，最能表現宋代裝束的變化。十月初十日天寧節宋徽宗生日，宰執親王宗室百官入內上壽，宴退，臣僚皆簪花歸私第。

劉晁元繪

說法，宋仁宗下詔給有關部門招商，提出優惠條件，有願意承包豐樂酒樓的商家，政府會指定三千戶「腳店」作為他的下游經銷商，這是一項優惠貼補措施，於是有了豐樂樓正店。正店生意興隆，規模龐大，也賣酒菜，也賣水果，店內沒有的，還可派人到外面張羅，以供客人所需。完全沒有不准帶外食入內的小家子器。

《東京夢華錄》共提到一百多家店舖，酒樓和飲食店就占半數以上。東京的酒店，大型的有七十二家，號稱「正店」，釀酒兼賣酒，這樣的酒戶門前裝飾有彩樓歡門或繡旗。在宋代，酒屬專賣品，叫「榷酤」。官府為了控制酒的生產，把做酒的酒麴，分配給酒戶，由酒戶出錢承包釀造與販售。小規模做零售的酒店，須向正店批發酒，稱為腳店。宋代酒稅收入很高，神宗熙寧間，高達四十萬貫，和同時期的東京商稅年收入相等。所以官方對於酒麴的管理很嚴格，對於行銷很用心，也曾打過美女牌，動用官妓促銷。

《清明上河圖》裏畫了一個與豐樂樓相類似的建築，名為孫家正店，樓高三層。酒店大門前，紮著用S形仙鶴作為裝飾主體的彩樓歡門，垂掛著綵球，凡京師酒樓皆如此裝飾。《東京夢華錄》記載：「向晚燈燭熒煌，上下相照，濃妝妓女數百，聚於主廊槏面上，以待酒客呼喚，望之宛若神仙。」大門前的梔子燈是酒樓有陪侍妓女的標誌。孫家正店的左手邊有賣酒，順便賣弓的店，正店右旁有賣羊肉的孫羊店，可口好吃沒羶味的羊肉是二齒羊，大約半歲左右。

我們看到酒樓後面，堆疊得很高的酒桶八成是造酒用的。還能看到樓上右邊的包廂裏有一把盛酒的注子和溫碗。再者，左邊的內西樓因為緊鄰皇宮，後來禁人登樓眺望，因為居高臨下，得窺宮禁。

張、李、白、郭、宋、唐、黃胖子等，東京還有不能細數的腳店，在《清明上河圖》裏，腳店也入畫，腳店門前也有彩樓歡門，中間兩層樓房，臨街的包廂裏高朋滿座。細尋畫

宋代的飲食業　可謂是隨著商品經濟同步發展與蓬勃的。以北宋開封來說，由於商業發達，東京幾可稱得上是一座不夜城，夜市三更才收攤，不到五更時分，又有店舖小販掌燈開張。這些食料，從精細到一般粗飽，同時滿足不同階層的消費大眾。南宋臨安的狀況大抵相同。

宋人的主食以米麵為主；皇家食肉最好羊鮮，其他階層則多食豬雞鴨；除此，宋代的水產烹煮亦有特色，對素食、冷凍拼盤的調製、擺盤等也多有研發創新。宋代文人對調燴美食有興趣者大有人在，如蘇軾、陸游等除在作品中大談美食，親下庖廚也博取了不少美聲，留下不少佳餚趣談。

銀釦耀州窯水注 陝西博物館藏（張臨生提供）

（左圖）孫家正店。宋代大型的酒樓稱作「正店」。一般來說，這些賣酒的酒樓前都裝飾有繡旗與彩樓。

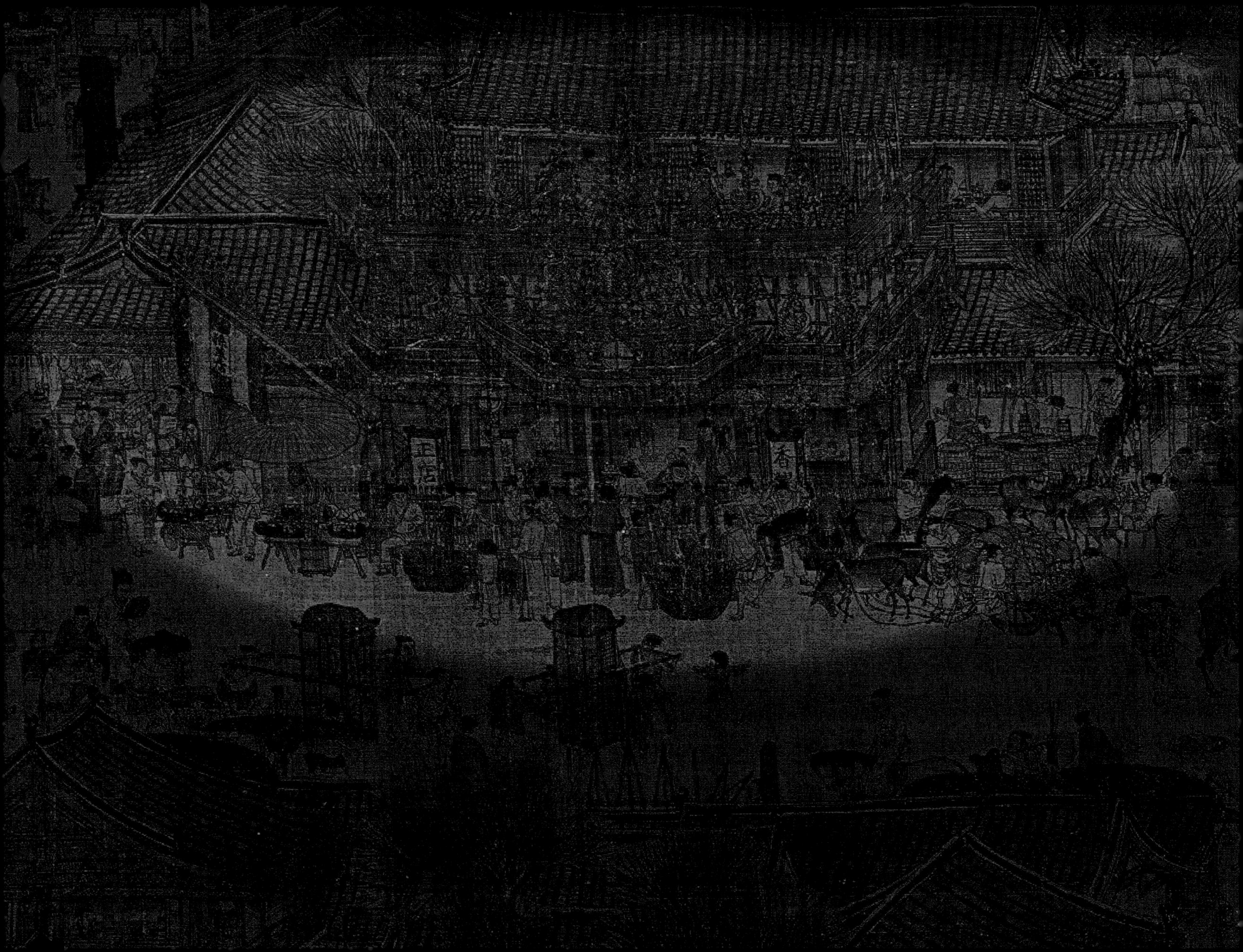
正店
香

面上腳店的招牌，發現竟然寫著「天之美祿 十千腳店」，這是出自唐朝李白《將進酒》裏的「斗酒十千恣歡謔」。

馬行街上的高級住宅

汴京酒店、飲食店多之外，醫所、藥鋪也多，醫藥供應齊全，醫生醫術高明，治病方便，為病者之福。馬行街一帶（見15頁地圖）是高級商圈住宅區，除了香藥鋪席、官員宅舍，夾道都是藥鋪子，金紫醫官藥鋪，如杜金鉤家、曹家獨勝丸、山水李家口齒咽喉藥、石魚兒、班防禦、銀孩兒、栢郎中家醫小兒、大骨傳藥鋪、大鞋任家產科等。

東京蚊蟲很多，唯獨馬行街沒有，因為馬行街夜市，酒樓極繁盛，燒燈尤壯觀，詩人常吟詠此地的燈火輝煌。蚊蟲怕油，而馬行街燈火照天，每至四鼓才休息，故永絕蚊蟲。

馬行街國醫多，都是巨富，各地官員、商人到京之時，照例必帶上土物香藥作買賣之用，使汴京成為全國藥材集中地。宋人筆記裏提過劉家藥肆，高門赫然，正面大屋七間，《清明上河圖》這兒畫了趙太丞國醫的宅邸，門面寒磣多了，才一間而已。趙太丞左邊鄰居是高官。豪宅門口都有供官員上馬用的上馬石，居室內布置著名人書法。

《清明上河圖》中，除城樓、寺院之外，使用斗拱形式的只有這一區的趙太丞家、趙家左鄰及對面的一戶共三戶人家。按《宋史》：「六品以上宅舍，許作鳥頭門。凡庶民百姓家，不得施重拱、不得四鋪飛簷。」官員宅第與民居的規格顯然大不同。趙太丞是皇家醫院的太醫，宋代太醫可以兼職，在家應診開業；門口有閒人坐在上馬石上聊天。中國人喜歡掛招牌，古今皆然，趙太醫門口掛出「太醫出丸醫腸胃病」、「治酒所傷真方集香丸」、「五勞七傷×××」。招牌安置都侵占了公共空間，擺譜擺到街面上了。

「狨座」，是一種暖座墊。狨，俗稱金絲猿，長得像猿猴，狨生長在川峽深山中。黃毛很長，有如金絲，人將其皮

TOP PHOTO

（右圖）宋人雜劇《眼藥酸圖》。這是戲劇題材的繪畫，主要描述兩名賣假藥之人，一人裝作眼睛有疾，另一人遞眼藥的場景。據研究，《眼藥酸圖》可能是為了宣傳戲劇而畫。

（左圖）《清明上河圖》中的趙太丞國醫宅邸。

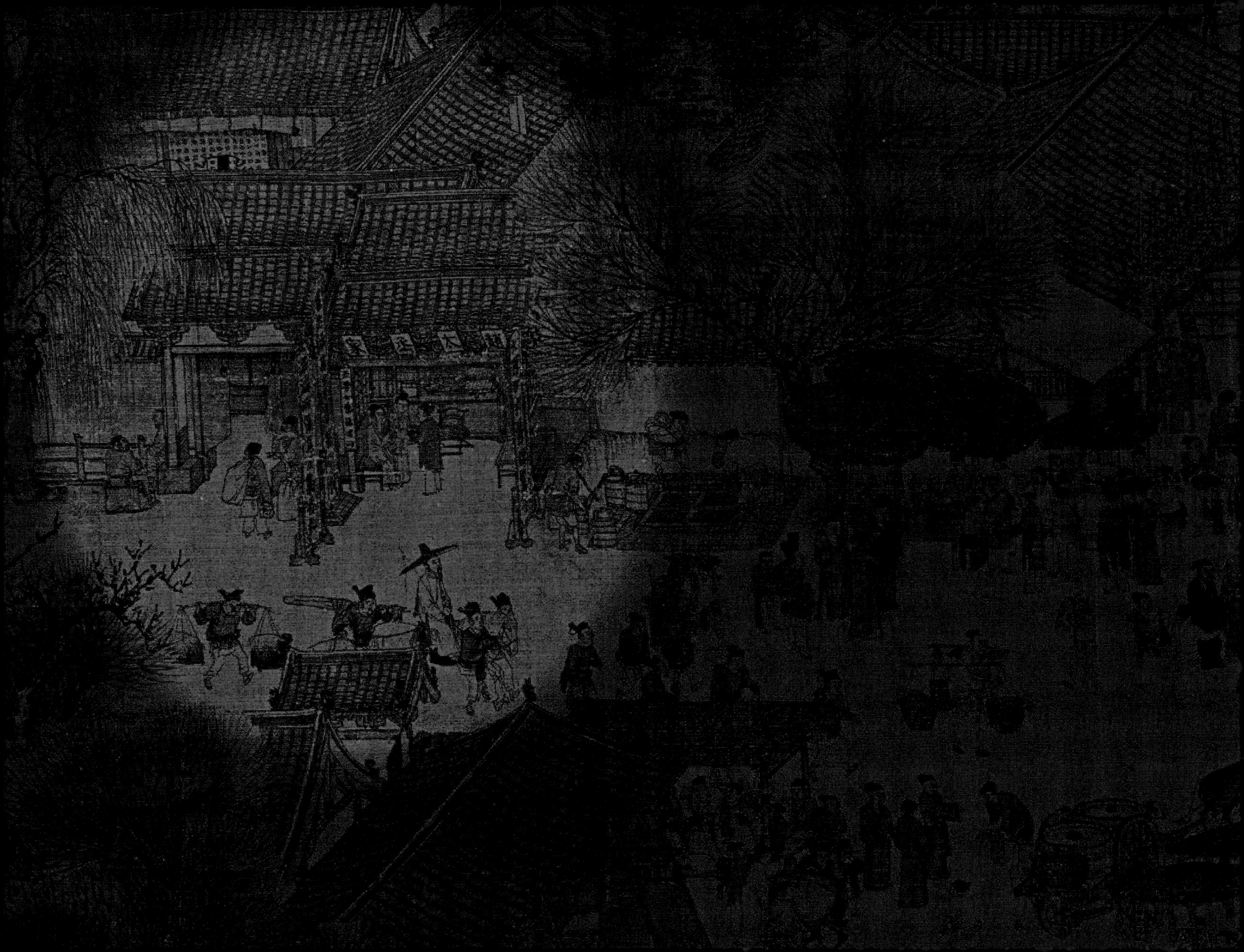

作褥墊，非常保暖。宋朝文武三品以上才許用狨座。屋內椅子上設狨座，暗示主人有身分，是醫界泰斗。醫院旁是方水井，生活機能非常方便。

水井前面街上的貨郎，也算是流動攤販，一身俐落，標準的服務業。這樣的貨郎除了叫賣頭面、衣著、日用五金雜貨、衣箱、瓷器、藥品及飲食之類，還可以幫忙人家打香印、打水、塗漆、換扇子柄、修理鞋、腰帶、幞頭帽子、供香餅、炭團的；夏季還可以洗氈毯、淘井。也有上門賣菜、賣羊肉、腰子、鶉兔、魚蝦、退毛雞鴨、蛤蜊、螃蟹、果子……，可以看到此刻的北方，葷食除了羊、豬、雞、鴨，也懂得享受水產海鮮了。

《清明上河圖》同一景的畫面下方中間，棚內有一人開講，大家聚精會神的聆聽，像是說書、說故事。拐彎處的一家當舖，伸出一個不太惹眼的小招牌「解」，兩扇門板打開，門板後面還放著一個看上去品質不錯的空鳥籠，可能是典當品。

相國寺內的萬姓交易

東京的相國寺（見15頁地圖）始建於南北朝時期，到北宋太宗時，相國寺已是占地五百四十畝的大寺院，裏面僧院六十四座，雕梁畫棟，被譽為「金碧輝映，雲霞失容」。大殿兩廊，皆國朝名公墨寶、壁畫、金漆羅漢木雕。後來因汴河水患，大相國寺寺庭四廊全遭淹沒，牆壁上高益、高文進等大師畫的壁畫都毀了，十分可惜。

歐陽修《歸田錄》記錄，太祖皇帝第一次去相國寺，在佛像前燒香，問贊寧和尚當拜與不拜，回答說，不拜，問其何故，對曰「見在佛不拜過去佛」，贊寧和尚飽讀詩書，加上口才便給，頗能體會上意，故太祖微笑點頭。

相國寺每月五次開放給百姓做生意。從鳥類飛禽貓犬之類的寵物店，到珍禽奇獸，無所不有。因為養寵物的商機很

（左圖）《清明上河圖》中，水井的斜對面有一棚子，棚內正有人說書，而眾人聚精會神地聽著。

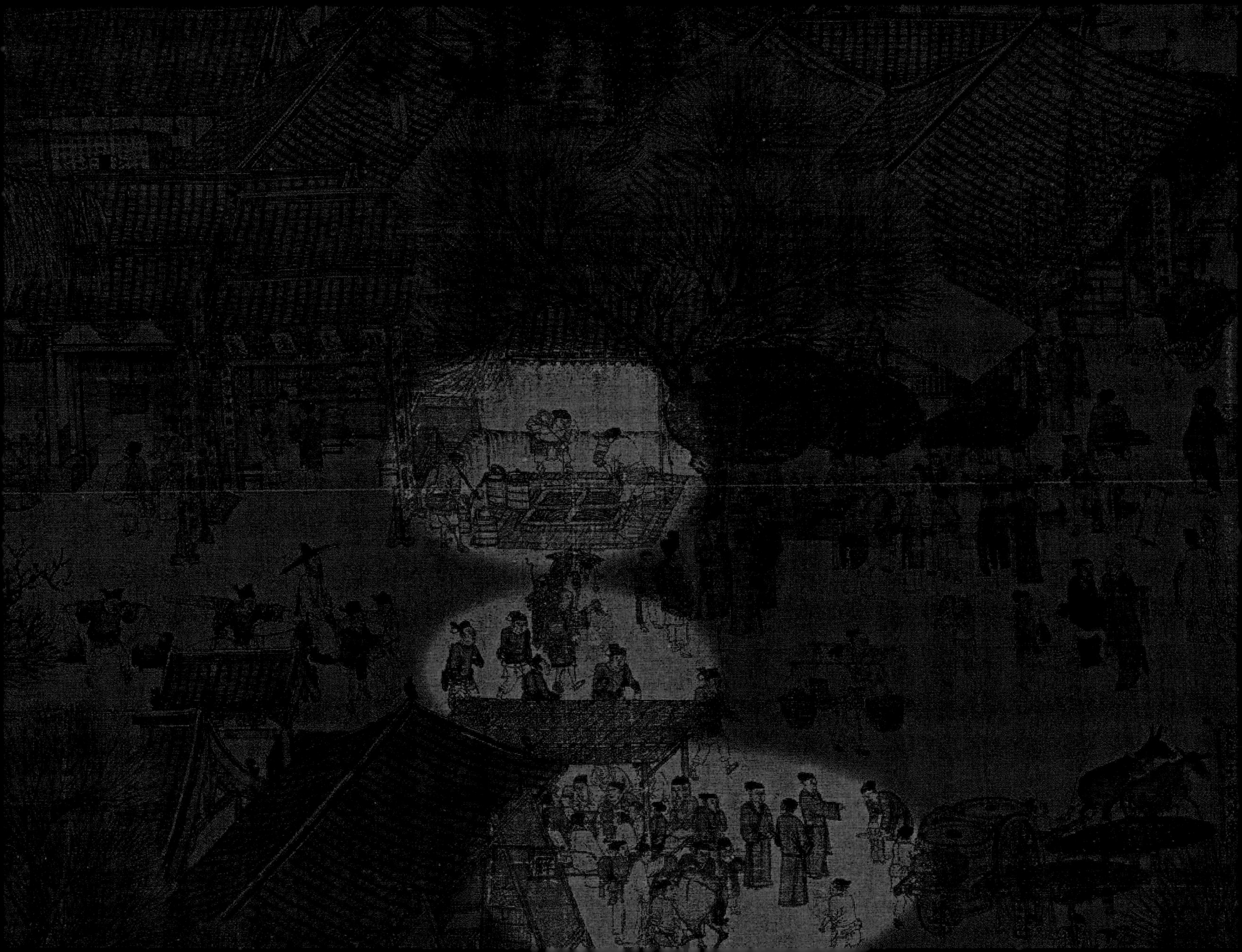

大，所以汴京有供應貓食的、狗食的、馬食的，提供切草、餳糟、小魚等。相國寺這兒家常日用品、文具筆墨也都應有盡有，像個百貨行。還有寺院師姑賣的繡作、領抹、花朵、珠翠頭面之類。還有書籍、玩好、圖畫，及二手貨品，（像退休官員的土物、香藥之類）。趙明誠、李清照夫婦還常一起逛大相國寺的骨董市場。正月過年，大殿前設樂棚，諸軍作樂，其餘宮觀寺院，都開放給老百姓燒香。相國寺旁有溫州漆器鋪、金銀鋪等商店。

在《清明上河圖》裏所繪的這家寶號可能是間金銀鋪，店內有張大桌子。似乎是車床一樣的結構，桌面超有弧度，還有夾層，下面有腳踏板，會不會是銀匠用的？宋代銀匠出名的不少，像龔美。拐角處有一群人圍著一個大鬍子，可能是大食人，阿拉伯人在說海外見聞，吸引了老少和方外出家人。

右側鄰居是孫羊店，北方人主食吃麵，肉食以吃羊肉為上。南方人吃米飯，肉食用豬肉與魚。基本上，皇家御廚只用羊肉；御廚使用羊豬的比例是十比一。東京的牛羊司監管著河南中牟和洛陽水草豐美之地，放牧養羊，是羊肉肉品的來源。可參考《續資治通鑑長編》，記載呂大防為哲宗講述祖宗家法，說：「飲食不貴異品，御廚止用羊肉，此皆祖宗家法所以致穩定者」。《政類本草》裏強調：「不登彘肉」，認為羊肉比豬肉有營養，對尊羊貶豬，也有推波助瀾之勢，《東京夢華錄》提到的食品中，羊製品的比例確實很高。

會仙酒樓的奢華食宴

在相國寺附近、新門內的會仙樓也是正店（見15頁地圖），規模大，常有百份以上的成套銀餐具備用。汴京風俗奢侈，講究排場，開銷出手大方，凡酒店中不問何人，只要兩人對坐飲酒，就安排注碗一副，盤盞兩副，食客用的銀器餐具，以銀子來算，果菜碟、水菜碗、酒器等上上下下加

（左圖）《清明上河圖》中的孫羊店與金銀鋪。北方人主食以麵為主，並喜吃羊肉。

起來，將近百兩銀子。會仙酒樓準備的果子、菜蔬，都十分精潔。若另外要求其他的下酒小菜，店家就會派跑腿的去買大小骨、諸色包子、玉板鮓、糟薑、瓜薑之類回來，服務至上。

參考宋畫《文會圖》桌面的盤碟酒器與看盤。汴京一般的下酒小菜，如煎魚、鴨子、炒雞、兔，煎燠肉、梅汁、血羹、粉羹之類，每份不過十五錢，按我們換算的標準，差不多台幣六十塊錢。但是到了會仙酒樓可一定不只此數。

京城裏出名的食品店有王樓梅花包子、曹婆肉餅、薛家羊飯、梅家鵝鴨、曹家從食、徐家瓠羹、鄭家油餅、王家乳酪、段家爊物、魚羹宋五嫂、羊肉李七兒等。還有四川口味與南方口味的川飯店與南食店，四川館子賣插肉麵、雜煎事件、生熟燒飯，江南館子賣魚兜子（魚丸）、煎魚飯，瓠羹店賣瓠葉燒羊肉等。

至於孟元老常常光顧的餐廳，入店則奉上貴賓專用的碧碗，就是一等琉璃淺稜碗，一般精細菜蔬，一碗才十文錢。不過，進貢官家後多餘的瓠羹，一碗要賣一百二十文，一分錢一分貨，其精細還是與十文一碗的差別很大。過去吃食只用匙子，今皆用筷子。更有餛飩店、素分茶的素食店，一如寺院供應的素菜，還有賣麵疙瘩、賣荷包白飯（就是荷葉包飯）。「市井經紀之家，往往只於市店旋置飲食，不置家蔬。」商業城市，各種吃食都齊備，城市居民人人都忙，沒空自理飲食，外食人口多，家裏往往不開伙，或者買熟食、煮好現成的帶回家吃。

老百姓吉慶餐會，不只可以到家裏外燴，還能借到宴客時所需用的桌椅陳設、器皿盒盤等整套器用。從喫食下酒，以至宴客請帖、安排座次都可請專人負責，另有「白席人」，就是帶動氣氛的司儀主持人加上勸酒人，也可花錢請到。如果要在外辦園遊會，就園館亭榭、寺院遊賞、命客之類，舉意便辦。公關顧問公司會把廳館整肅妥帖，花陣酒池，香山

（左圖）《清明上河圖》中的十千腳店，店門前有「綵樓歡門」（酒樓標誌），十分氣派。宋代賣酒的酒樓可分為正店及腳店，腳店的規模次於正店（腳店為中、小型酒樓或是大酒樓的分店），主要供應顧客雞、鴨、魚肉等日常下酒菜。

藥海，一切到位，主人可以安心做主人，只要出錢，不用費力、費神。

油餅店與胡餅攤子

說到餅店，《東京夢華錄》有環餅店、油餅店、胡餅店等，油餅是起酥皮的，胡餅即燒餅上黏著芝麻，蒸餅亦曰炊餅、籠餅，糖餅有餡，另有菜肉餡的盒子之類。鄭家油餅店在皇建院前，有五十餘爐的規模，生意鼎盛。

在《清明上河圖》裏看似油餅店的畫面旁邊，有一位老先生正被很多人圍著，地上排出一圈書籍，像是在推銷書。對街有木工作坊，在做車輪的加工，地上看到鋸子斧頭等工具。前面有家餐飲店，牆上還掛著價目表。

賣乾果的也不少，剛炒的銀杏、栗子、河北鵝梨、膠棗、核桃、西京雪梨（洛陽梨）、石榴、獅子糖、橄欖、溫柑、金桔……。歐陽修《歸田錄》談到江西老家產金桔，金桔香清味美，光彩如金彈丸，因為產地遠，京師人早先不識此物，一直到仁宗的溫成皇后喜歡吃，金桔才價重京師。

交通工具

宋代有很多不同形制的車子，《東京夢華錄》所描繪的「太平車」，車上有箱無蓋，駕車人在中間：「兩手扶捉鞭綏駕之。前列騾或驢拖拽；中間懸一鐵鈴，行即有聲，使遠來者車相避。」另外還有「平頭車」，比太平車小，酒正店多用來載運「酒梢桶」，梢桶形如長水桶。而家屬女眷的座車，與平頭車大抵相似，但以棕毛作為遮蓋，前後有勾欄門、垂簾。有一種獨輪車，前後由二人駕駛，兩旁由兩人扶枴，前面還有驢拽，稱為「串車」，此車往往賣小吃糕餅之類，不能載重物。《東京夢華錄》提及皇太子納妃，妃乘坐「厭翟車」，車上設紫色團蓋，四柱帷幕，四垂大帶，四馬駕之。

（左圖）《清明上河圖》中賣書的老先生，稍遠的燒餅舖裏，設備了很多爐眼，對面是正在作車輪加工的木工作坊。

民風節慶：元旦朝會

大內西角樓大街，西去有太平興國寺、張戴花洗面藥、醜婆婆藥鋪、唐家酒店。出梁門向西去，有一位于道士賣齒藥（牙膏），汴京都人喜用；再往西有同文館，是高麗的外使館、太師蔡京宅第，再西去是開封府監獄甕市子。再往西，都亭西驛，即西夏使館。

元旦、寒食、冬至三節是宋人最重視的節日，到冬至這天，再窮的人都要換上新衣，備辦飲食，享祀先祖。在元旦大朝會上：「諸國大使入賀。殿庭列法駕儀仗，百官皆冠冕朝服……大遼大使頂金冠，後簷尖長，如大蓮葉，服紫窄袍，金蹀躞……高麗與南番交州使人，并如漢儀」。大遼外交官住在都亭驛，回紇、于闐在禮賓院。唯大遼、高麗待遇特殊，就館賜宴。大遼大使朝見完畢，第二天上大相國寺燒香，第三日到南御苑射弓，朝廷選能射的武臣伴射。

一般出差在外或者上京考試的人，會住在什麼地方呢？《清明上河圖》裏有一處的招牌寫著「久住王員外家」，就是一家旅館。此地街上走著兩匹駱駝，駱駝馱子，或皮或竹為之，兩搭背上，扛著很重的貨出城，反映宋代貿易範圍之廣，遠至西北的人都來這裏經商。

民風節慶：七夕

在《清明上河圖》可見三張大傘下的攤位，賣著小玩意。《東京夢華錄》描述七夕前車馬盈市，羅綺滿街，眾女士都上街了。潘樓街東、宋門外瓦子、南朱雀門外街及馬行街內，這幾處地方都在賣「磨喝樂」，即一種小泥塑土偶；精緻的就飾以金珠牙翠，價錢可以高到一對值數千文。還有小孩拿著新買的荷葉，仿效磨喝樂的樣貌為樂。四川廣漢和興鄉出土宋代的玉雕童子，童子站在蓮花座上，頭髮髮型作桃形，仿照泥塑磨喝樂天真活潑、童稚可愛的神情。身著衫

◀甕市子刑場、都亭西驛等的地理位置示意圖

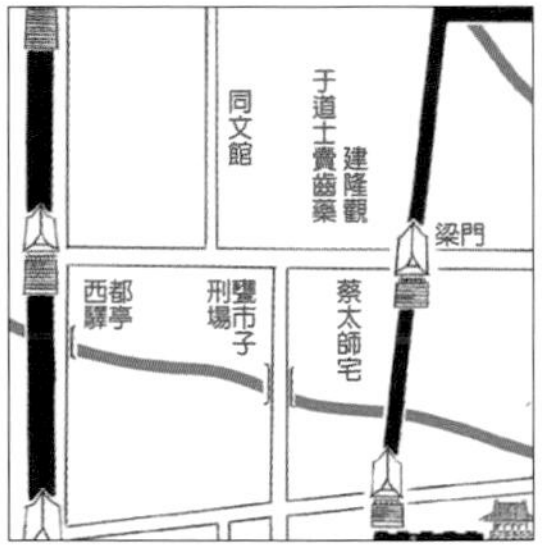

（左圖）旅館「久住王員外家」。旅館二樓有人正在讀書，可能是赴考的士子。

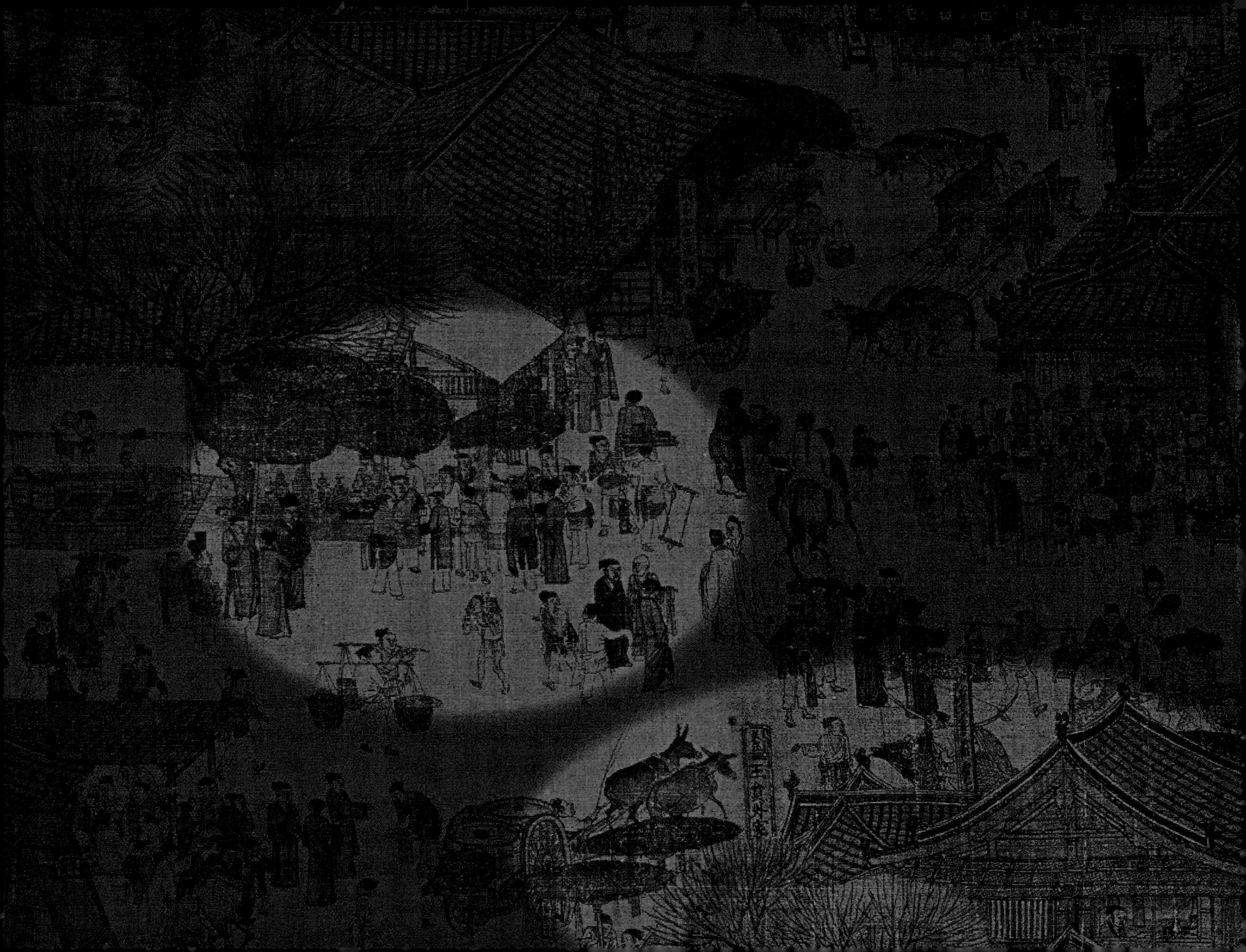

褲，對襟背心，上面有米字紋或是雪花紋，握著荷花的手擎舉在頭頂上，也隱含連生貴子之意。

七月初六、初七晚上，貴家多結綵樓於庭，謂之「乞巧樓」。鋪陳磨喝樂、花瓜、筆硯、針線等，女郎焚香列拜，婦女都會對著月亮穿針引線，叫做「乞巧」。

民風節慶：天寧節

十月初十天寧節，即是慶祝宋徽宗生日的節日，宰執親王宗室百官會進入皇宮大內去慶賀。天寧節擺設的是什麼？有看盤、果子，還要有一些油餅、棗塔之類的食物，如果有大遼的外國使臣的話，還有豬羊雞鵝鴨兔，都做成看盤，用繩子綁起來。然後又鋪置很多小盤碟，放入生蔥、韭菜、蒜、醋著料，三五人共用一壺酒水，一切安排妥帖。「御筵酒盞皆屈卮，如菜盌樣，而有手把子。殿上純金，廊下純銀」。宴會中所用的酒杯叫做「屈卮」，御前賜酒都是用屈卮，屈卮帶把，有用金銀、漆、瓷、瑪瑙等製造。宰執、禁從、親王、宗室、觀察使以上，並大遼、高麗、夏國大使、副使，坐於殿上，用金屈卮。諸卿少百官和各國中節使人，坐兩廊，用銀屈卮。

繁華夢醒

北宋自太宗以來，已重視佛教，認為對政治有助益。崇佛之表現就是修建寺院，興造佛塔。北宋汴京寺院約有九十所。在徽宗以前，佛教有一百多年的自由發展。相國寺、開寶寺、太平興國寺等，常為皇帝觀賞、遊幸、祈福之處，也是臣下對君主、皇后生日、忌日行香祭禱之所。其他如群臣宴享、外交使節之接待、舉子考試、重臣追薦法會、僧侶受度等等活動，不一而足，都在寺院舉行。凡是有相當規模的寺廟，都會延聘長於論道、善於結交之名德僧侶做他們的住持，以壯大聲勢。

北京故宮博物院藏

（右圖）王家紙馬鋪。紙馬鋪是宋代專門賣冥器的店鋪。店前擺放著用紙紮成的樓閣，不只是寄予死後的享受，也與現代風俗有異曲同工之妙。

（左圖）圖為來安相官公社出土瑪瑙屈卮。宴會中所用的酒杯叫做「屈卮」，御前賜酒都是用屈卮，屈卮帶把，有用金銀、漆、瓷、瑪瑙等製造。

張臨生提供

（左圖）宋代《乞巧圖》。圖中的婦女正在設乞巧宴，嬉戲玩鬧。

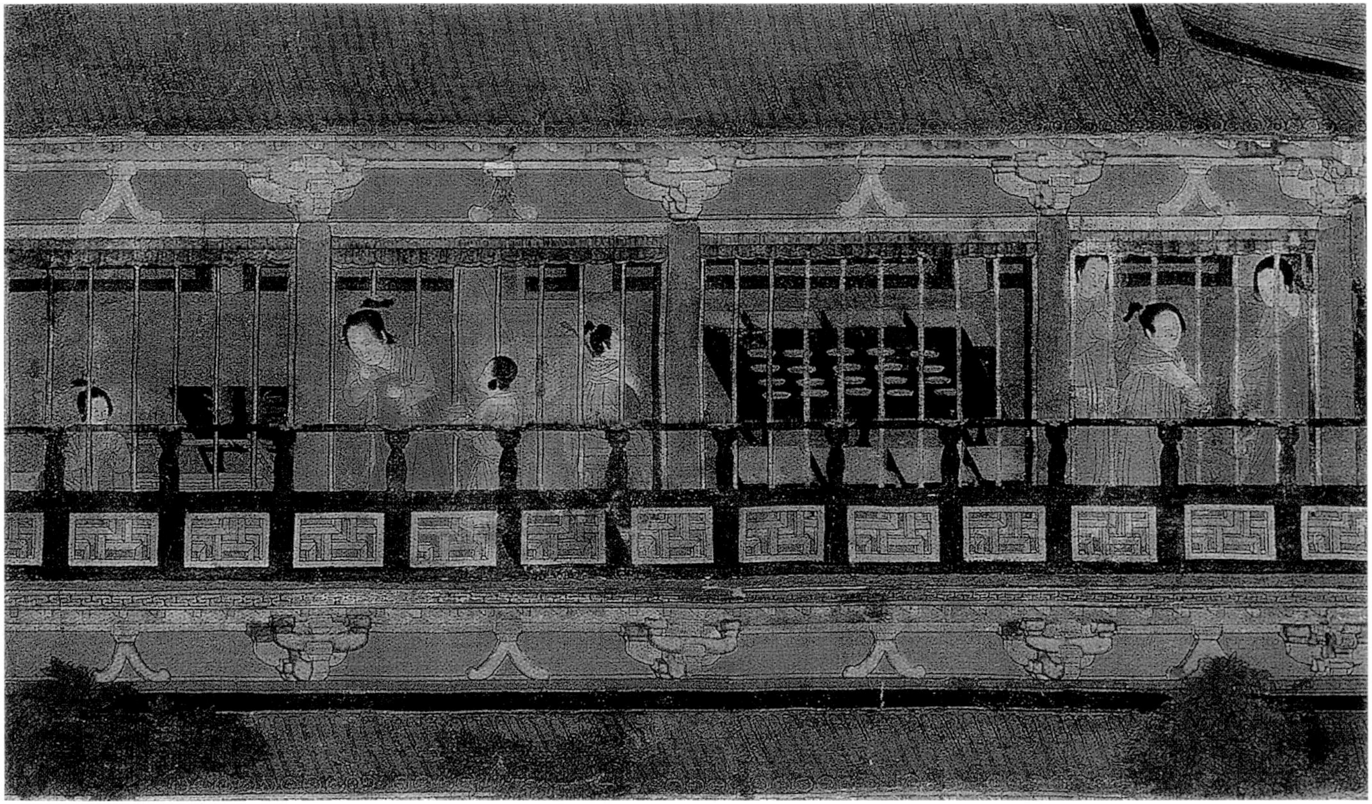

TOP PHOTO

徽宗是歷史上最尊崇道教的皇帝。開頭十年，他是道、佛並重；之後，大觀年間（一一〇七），令道士序位在僧之上，女冠在尼之上，並自封為長生大帝。宣和元年（一一一九）因道士林靈素之蠱惑，徽宗開始毀佛教、設道官，官分二十六等，連道士都有薪資厚俸，徽宗時官員人數膨脹至十倍，為了因應開銷，蔡京、童貫還公開賣官鬻爵。

此外，徽宗特別欣賞太湖石的瘦、透、漏之美，認為是石中上品，遂疊石為山做艮嶽，修竹萬竿，引流其下，嘉花名木，不能盡述。太湖石的特色是石孔多，如果在下面孔穴中焚一爐香，上面各孔穴都會冒出縷縷清煙，很適合做道場營造氣氛之用。

佞臣朱勔為了迎合宋徽宗的品味，在主持蘇杭應奉局時，專門索求奇花異石，運往東京。這些運送的船隻，稱「花石綱」。花石綱擾民，引發民怨，遂有北宋末年（一一二〇）方臘的起義，雖然敉平，但元氣大傷。目前上海城隍廟旁豫園的玉華堂前，有太湖石，石上孔洞密布，峰高三點三公尺，稱作「玉玲瓏」；蘇州留園，園內矗立著高六點五公尺的冠雲峰，亭亭玉立，此二者聽說都是宋代花石綱的遺物，於今但供憑弔。

徽宗以為富足以備禮，於是大興土木、建道宮、鑄九鼎……導致府庫空竭，民生困窘，邊防疏忽。宣和七年冬，金人入侵，徽宗才幡然醒悟，扶危定傾為時已晚。

以孟元老文字鉤勒之妙，配上張擇端傳移寫生的功力，把夢裏的東京、畫裏的東京交互輝映，使我們在千年後還能一窺昔日京城的風華，追緬逝去的繁勝。■

瘦金體 屬於楷書的一種，為北宋徽宗趙佶在褚遂良、薛曜、薛稷和黃庭堅等人的書法風格上，運筆創出新意而成就出的新字體。瘦金體的特色在於運筆時飄忽快捷，而所寫字體筆畫細瘦，在轉折處不但保留藏鋒、露鋒等運轉提頓的痕跡，並刻意予以強化。以形象化的方式來說，這種字體原本應該稱作「瘦筋體」，但為了表示對皇帝的尊重，改稱瘦「金」體。

（左圖）宋徽宗《祥龍石圖》。宋徽宗喜愛太湖石透、漏、瘦之美，畫中的湖石，紋理細緻、注重寫實，以墨渲染出湖石堅硬結實的質感以及石孔的細緻。很能想像宋徽宗對於太湖石的喜愛以及奇石之美。

TOP PHOTO

2.0

清明上河圖

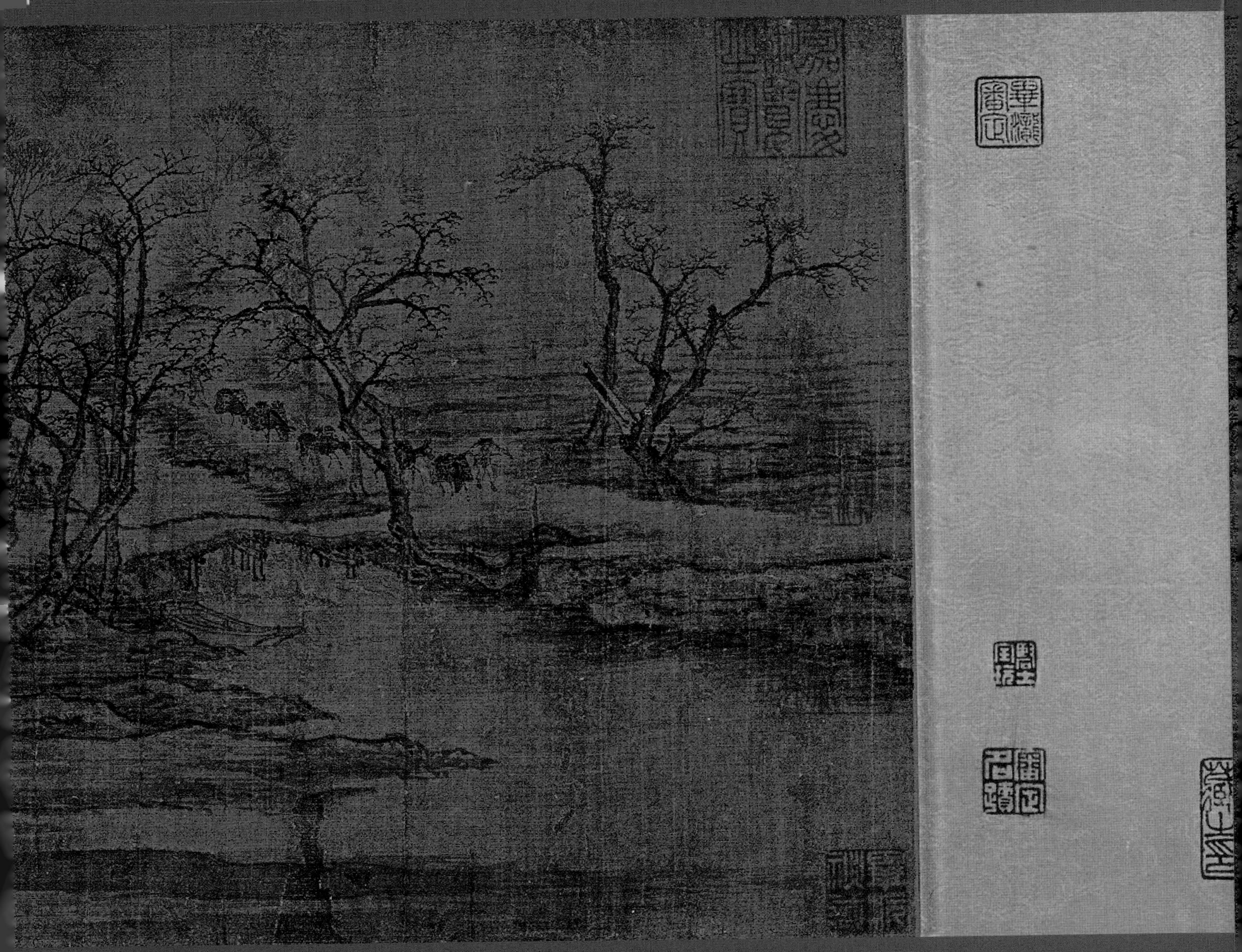

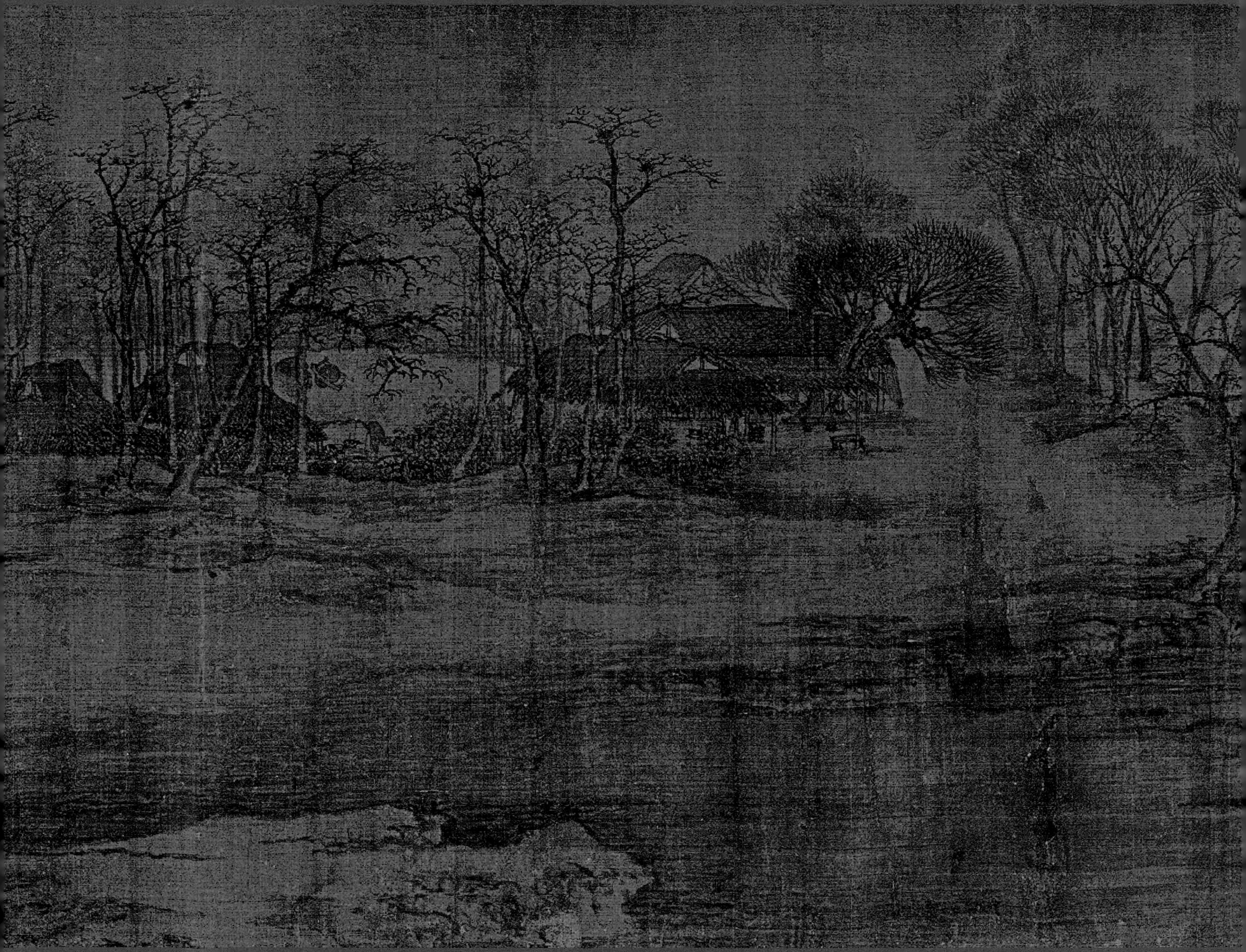

正店
香

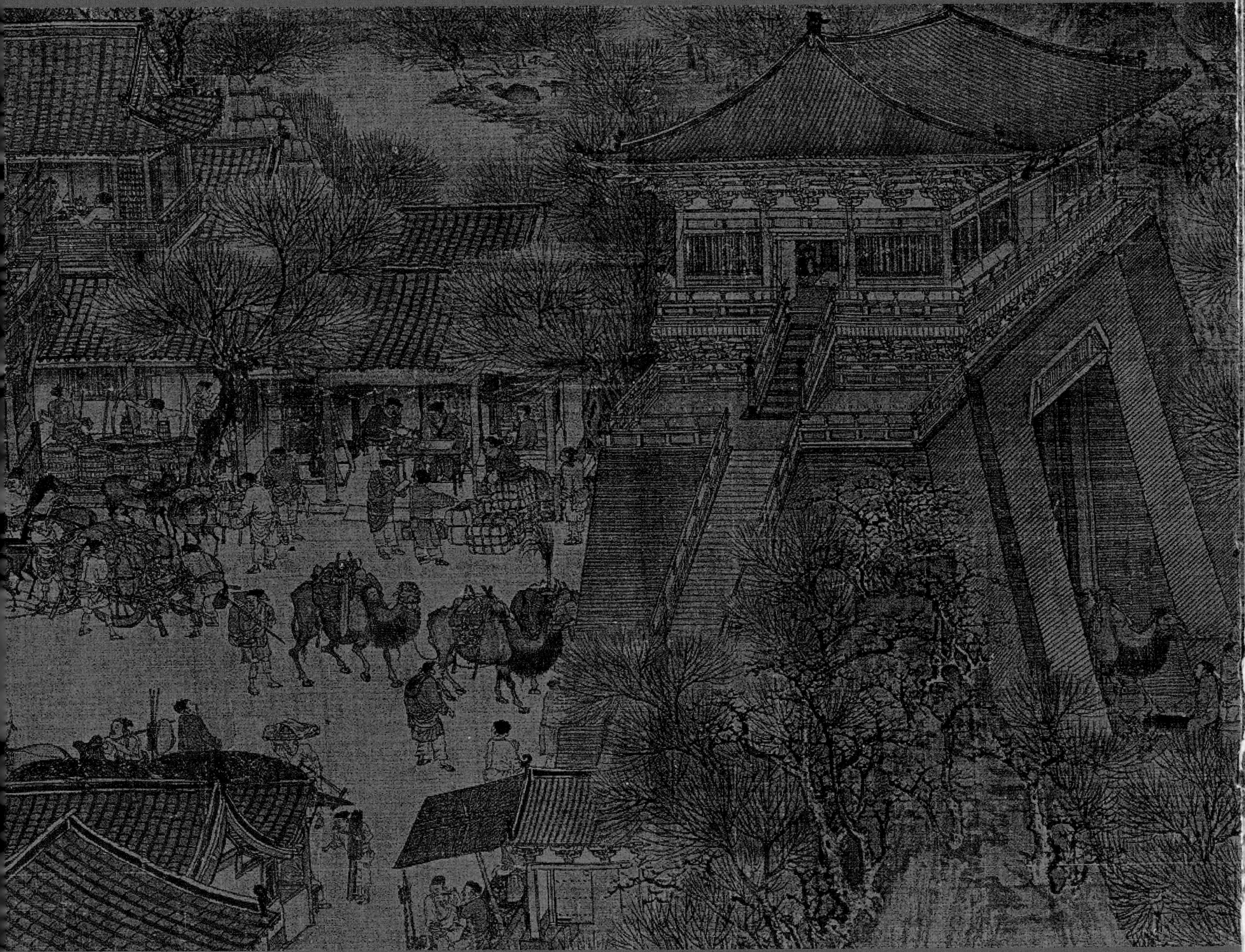

3.0

原典選讀

孟元老　原著

第一卷

東都外城

東都外城方圓四十餘里。城壕曰護龍河，闊十餘丈，壕之內外，皆植楊柳，粉牆朱戶，禁人往來。城門皆甕城三層，屈曲開門，唯南薰門、新鄭門、新宋門、封丘門皆直門兩重，蓋此係四正門，皆留御路故也。新城南壁，其門有三：正南門曰南薰門；城南一邊，東南則陳州門，傍有蔡河水門；西南則戴樓門，傍亦有蔡河水門。蔡河正名惠民河，為通蔡州故也。東城一邊，其門有四：東南曰東水門，乃汴河下流水門也，其門跨河，有鐵裹窗門，遇夜如閘垂下水面，兩岸各有門通人行路，出拐子城，夾岸百餘丈；次則曰新宋門；次曰新曹門；又次曰東北水門，乃五丈河之水門也。西城一邊，其門有四：從南曰新鄭門；次曰西水門，汴河上水門也；次曰萬勝門；又次曰固子門；又次曰西北水門，乃金水河水門也。北城一邊，其門有四：從東曰陳橋門（乃大遼人使驛路）；次曰封丘門（北郊御路）；次曰新酸棗門；次曰衛州門（諸門名皆俗呼。其正名如西水門曰利澤，鄭門本順天門，固子門本金耀門）。新城每百步設馬面、戰棚，密置女頭，旦暮修整，望之聳然。城裹牙道，各植榆柳成陰。每二百步置一防城庫，貯守禦之器，有廣固兵士二十指揮，每日修造泥飾，專有京城所提總其事。

大內

大內正門宣德樓列五門，門皆金釘朱漆，壁皆磚石間甃，鐫鏤龍鳳飛雲之狀。莫非雕甍畫棟，峻桷層榱，覆以琉璃瓦。曲尺朵樓，朱欄彩檻，下列兩闕亭相對，悉用朱紅杈子。入宣德樓正門，乃大慶殿。庭設兩樓，如寺院鐘樓，上有太史局保章正測驗刻漏，逐時刻執牙牌奏。每遇大禮，車駕齋宿及正朔朝會於此殿。殿外左右橫門曰左右長慶門。內城南壁有門三座，係大朝會趨朝路。宣德樓左曰左掖門，右曰右掖門。左掖門裏乃明堂，右掖門裏西去乃天章、寶文等閣。宮城至北廊約百餘丈。入門東去街北廊乃樞密院，次中書省，次都堂（宰相朝退治事於此）。次門下省，次大慶殿。外廊橫門，北去百餘步，又一橫門，每日宰執趨朝，此處下馬；餘侍從臺諫於第一橫門下馬，行至文德殿，入第二橫門。東廊大慶殿東偏門，西廊中書、門下後省，次修國史院，次南向小角門，正對文德殿（常朝殿也）。殿前東西大街，東出東華門，西出西華門。近裏又兩門相對，左右嘉肅門也。南去左右銀臺門。自東華門裏皇太子宮入嘉肅門，街南大慶殿後門、東西上閤門；街北宣祐門。南北大街西廊，面東曰凝暉殿，乃通會通門，入禁中矣。殿相對東廊門樓，乃殿中省六尚局御廚。殿上常列禁衛兩重，時刻提警，出入甚嚴。近裏皆近侍中貴。殿之外皆知省、御藥、幕次、快行、親從官、輦官、車子院、黃院子、內諸司兵士，祗候宣喚；及官禁買賣進貢，皆由此入。唯此浩穰諸司，人自賣飲食珍奇之物，市井之間未有也。每遇早晚進膳，自殿中省對凝暉殿，禁衛成列，約欄不得過往。省門上有一人呼喝，謂之「撥食家」。次有紫衣、裹腳子向後曲折幞頭者，謂之「院子家」，托一合用黃繡龍合衣籠罩，左手攜一紅羅繡手巾，進入於此，約十餘合，繼托金瓜合二十餘面進入，非時取喚，謂之「泛索」。宣祐門外，西去紫宸殿（正朔受朝於此）。次曰文德殿（常朝所御），次曰垂拱殿，次曰皇儀殿，次曰集英殿（御宴及試舉人於此）。後殿曰崇政殿、保和殿。內書閣曰睿思殿。後門曰拱辰門。東華門外，市井最盛，蓋禁中買賣在此。凡飲食、時新花果、魚蝦鱉蟹、鶉兔脯腊、金玉珍玩衣著，無非天下之奇。其品味若數十分，客要一二十味下酒，隨索目下便有之。其歲時果瓜蔬茹新上市，并茄瓠之類新出，每對可直三五十千。諸閤分爭以貴價取之。

內諸司

內諸司皆在禁中，如學士院、皇城司、四方館、客省、東西上閤門、通進司、內弓劍鎗甲軍器等庫、翰林司（茶酒局也）、內侍省、入內內侍省、內藏庫、奉宸庫、景福殿庫、延福宮、殿中省、六尚局（尚藥、尚食、尚輦、尚醞、尚舍、尚衣）。諸閤分、內香藥庫、後苑作、翰林書藝局、醫官局、天章等閣、明堂頒朔布政府。

第二卷

御街

坊巷御街，自宣德樓一直南去，約闊二百餘步。兩邊乃御廊，舊許市人買賣於其間，自政和間官司禁止，各安立黑漆杈子，路心又安朱漆杈子兩行，中心御道，不得人馬行往，行人皆在廊下朱杈子之外。杈子裏有磚石甃砌御溝水兩道，宣和間盡植蓮荷，近岸植桃李梨杏，雜花相間，春夏之間，望之如繡。

飲食果子

凡店內賣下酒廚子，謂之「茶飯量酒博士」。至店中小兒子，皆通謂之「大伯」。更有街坊婦人，腰繫青花布手巾，綰危髻，為酒客換湯斟酒，俗謂之「焌糟」。更有百姓入酒肆，見子弟少年輩飲酒，近前小心供過，使令買物命妓，取送錢物之類，謂之「閑漢」。又有向前換湯斟酒歌唱，或獻果子香藥之類，客散得錢，謂之「廝波」。又有下等妓女，不呼自來，筵前歌唱，臨時以些小錢物贈之而去，謂之「箚客」，亦謂之「打酒坐」。又有賣藥或果實蘿蔔之類，不問酒客買與不買，散與坐客，然後得錢，謂之「撒暫」。如此處處有之。唯州橋炭張家、乳酪張家，不放前項人入店，亦不賣下酒，唯以好淹藏菜蔬，賣一色好酒。

所謂茶飯者，乃百味羹、頭羹、新法鵪子羹、三脆羹、二色腰子、蝦蕈、雞蕈、渾砲等羹，旋索粉、玉棊子、群仙羹，假河魨、白煠虀、貨鱖魚、假元魚、決明兜子、決明湯虀、肉醋托胎襯腸、沙魚兩熟、紫蘇魚、假蛤蜊、白肉、夾麵子茸割肉、胡餅、湯骨頭、乳炊羊、燉羊、鬧廳羊、角炙腰子、鵝鴨排蒸、荔枝腰子、還元腰子、燒臆子、入爐細項蓮花鴨簽、酒炙肚胘、虛汁垂絲羊頭、入爐羊、羊頭簽、鵝鴨簽、雞簽、盤兔、炒兔、蔥潑兔、假野狐、金絲肚羹、石肚羹、假炙獐、煎鵪子、生炒肺、炒蛤蜊、炒蟹、煠蟹、洗手蟹之類，逐時旋行索喚，不許一味有闕，或別呼索變造下酒，亦即時供應。又有外來托賣炙雞、燠鴨、羊腳子、點羊頭、脆筋巴子、薑蝦、酒蟹、獐巴、鹿脯、從食蒸作、海鮮時果、旋切萵苣生菜、西京笋。又有小兒子著白虔布衫，青花手巾，挾白磁缸子，賣辣菜。又有托小盤賣乾果子，乃旋炒銀杏、栗子、河北鵝梨、梨條、梨乾、梨肉、膠棗、棗圈、梨圈、桃圈、核桃、肉牙棗、海紅、嘉慶子、林檎旋、烏李、李子旋、櫻桃煎、西京雪梨、夫梨、甘棠梨、鳳栖梨、鎮府濁梨、河陰石榴、河陽查子、查條、沙苑榲桲、回馬孛萄、西川乳糖、獅子糖、霜蜂兒、橄欖、溫柑、綿棖金橘、龍眼、荔枝、召白藕、甘蔗、漉梨、林檎乾、枝頭乾、芭蕉乾、人面子、巴覽子、榛子、榧子、蝦具之類。諸般蜜煎香藥、果子罐子、黨梅、柿膏兒、香藥、小元兒、小臈茶、鵬沙元之類。更外賣軟羊諸色包子，豬羊荷包，燒肉乾脯，玉板鮓犯，鮓片醬之類。其餘小酒店，亦賣下酒如煎魚、鴨子、炒雞兔、煎燠肉、梅汁、血羹、粉羹之類。每分不過十五錢。諸酒店必有廳院，廊廡掩映。排列小閤子，吊窗花竹，各垂簾幙，命妓歌笑，各得穩便。

第三卷

馬行街北諸醫鋪

馬行北去，乃小貨行時樓、大骨傳藥鋪，直抵正係舊封丘門。兩行金紫醫官藥鋪，如杜金鉤家、曹家獨勝元、山水李家口齒咽喉藥，石魚兒、班防禦、銀孩兒、栢郎中家醫小兒，大鞋任家產科。其餘香藥鋪席、官員宅舍，不欲遍記。夜市北州橋又盛百倍，車馬闐擁，不可駐足，都人謂之「裏頭」。

相國寺內萬姓交易

相國寺每月五次開放萬姓交易，大三門上皆是飛禽貓犬之類，珍禽奇獸，無所不有。第二、三門皆動用什物。庭中設綵幙、露屋、義鋪，賣蒲合、簟席、屏幃、洗漱、鞍轡、弓劍、時果、臘脯之類。近佛殿，孟家道院王道人蜜煎，趙文秀筆，及潘谷墨，占定兩廊皆諸寺師姑賣繡作、領抹、花朵、珠翠頭面、生色銷金花樣幞頭、帽子、特髻、冠子、絛線之類。殿後資聖門前皆書籍、玩好、圖畫，及諸路散任官員土物香藥之類。後廊皆日者貨術傳神之類。寺三門閣上並資聖門，各有金銅鑄羅漢五百尊、佛牙等。凡有齋供，皆取旨方開三門。左右有兩缾琉璃塔，寺內有智海、惠林、寶梵、河沙東西塔院，乃出角院舍，各有住持僧官。每遇齋會，凡飲食茶果，動使器皿，雖三五百分，莫不咄嗟而辦。大殿兩廊，皆國朝名公筆跡。左壁畫熾盛光佛降、九曜鬼百戲，右壁佛降、鬼子母揭盂。殿庭供獻樂部馬隊之類。大殿朵廊皆壁隱樓殿人物，莫非精妙。

第九卷

十月一日

十月一日，宰臣已下受衣著錦襖。三日（今五日），士庶皆出城饗墳。禁中車馬出道者院及西京朝陵。宗室車馬亦如寒食節。有司進煖爐炭。民間皆置酒作煖爐會也。

天寧節

初十日天寧節。前一月教坊集諸妓閱樂。初八日樞密院率修武郎以上，初十日尚書省宰執率宣教郎以上，並詣相國寺。罷散祝聖齋筵，次赴尚書省都廳賜宴。

宰執親王宗室百官入內上壽

十二日，宰執、親王、宗室、百官入內上壽，大起居（搢笏舞蹈）。樂未作，集英殿山樓上教坊樂人，效百禽鳴，內外肅然，止聞半空和鳴，若鸞鳳翔集。百官以下謝坐訖，宰執、禁從、親王、宗室、觀察使已上，並大遼、高麗、夏國使副，坐於殿上。諸卿少百官、諸國中節使人坐兩廊。軍校以下排在山樓之後，皆以紅面青緻黑漆矮偏釘。每分列環餅、油餅、棗塔為看盤，次列果子。惟大遼加之豬羊雞鵝兔連骨熟肉為看盤，皆以小繩束之。又生蔥韭蒜醋各一楪。三五人共列漿水一桶，立杓數枚。教坊色長二人，在殿上欄干邊，皆諢裹寬紫袍金帶義襴，看盞斟御酒。看盞者，舉其袖，唱引曰「綏御酒」，聲絕，拂雙袖於欄干而止。宰臣酒，則曰「綏酒」，如前。教坊樂部，列於山樓下綵棚中，皆裹長腳幞頭，隨逐部服紫、緋、綠三色寬衫，黃義襴，鍍金凹面腰帶，前列柏板，十串一行。次一色畫面琵琶五十面，次列箜篌兩座。箜篌高三尺許，形如半邊木梳，黑漆鏤花金裝畫。下有臺座，張二十五絃，一人跪而交手擘之。以次高架大鼓二面，綵畫花地金龍，擊鼓人背結寬袖，別套黃窄袖，垂結帶，金裹皷棒，兩手高舉互擊，宛若流星。後有羯鼓兩座，如尋常番皷子，置之小桌子上，兩手皆執杖擊之，杖皷應焉。次列鐵石方響明金，綵畫架子，雙垂流蘇。次列簫、笙、塤、篪、觱篥、龍笛之類，兩旁對列杖鼓二百面，皆長腳幞頭、紫繡抹額、背繫紫寬衫、黃窄袖、結帶、黃義襴。諸雜劇色皆諢裹，各服本色紫、緋、綠寬衫，義襴，鍍金帶。自殿陛對立，直至樂棚。每遇舞者入場，則排立者叉手，舉左右肩，動足應拍，一齊群舞，謂之「挼曲子」。

第一盞御酒，歌板色一名「唱中腔」，一遍訖，先笙與簫笛各一管和。又一遍，眾樂齊舉，獨聞歌者之聲。宰臣酒，樂部起傾盃。百官酒，三臺舞旋，多是雷中慶。其餘樂人舞者諢裹寬衫，唯中慶有官，故展裹。舞曲破攛前一遍，舞者入場，至歇拍，續一人入場，對舞數拍，前舞者退，獨後舞者終其曲，謂之「舞末」。

第二盞御酒，歌板色，唱如前。宰臣酒，慢曲子。百官酒，三臺舞如前。

第三盞，左右軍百戲入場，一時呈拽。所謂左右軍，乃京師坊市兩廂也，非諸軍之軍。百戲乃上竿、跳索、倒立、折腰、弄盌注、踢瓶、筋斗、擎戴之類，即不用獅豹大旗神鬼也。藝人或男或女，皆紅巾綵服。殿前自有石鐫柱窠，百戲入場，旋立其戲竿。凡御宴至第三盞，方有下酒肉、鹹豉、爆肉，雙下駝峰角子。

第四盞，如上儀。舞畢，發譚子，參軍色執竹竿拂子，念致語口號，諸雜劇色打和，再作語，勾合大曲舞。下酒榼：炙子骨頭、索粉、白肉胡餅。

第五盞御酒，獨彈琵琶。宰臣酒，獨打方響。凡獨奏樂，並樂人謝恩訖，上殿奏之。百官酒，樂部起三臺舞，如前畢。參軍色執竹竿子作語，勾小兒隊舞。小兒各選年十二三者二百餘人，列四行，每行隊頭一名，四人簇擁，並小隱士帽，著緋、綠、紫、青生色花衫，上領四契，義襴束帶，各執花枝。排定，先有四人裹卷腳幞頭、紫衫者，擎一綵殿子內金貼字牌，擂鼓而進，謂之「隊名」，牌上有一聯，謂如「九韶翔彩鳳，八佾舞青鸞」之句。樂部舉樂，小兒舞步進前，直叩殿陛。參軍色作語問，小兒班首近前進口號，雜劇人皆打和。畢，樂作，群舞合唱，且舞且唱，又唱破子畢，小兒班首入進致語，勾雜劇入場，一場兩段。是時教坊雜劇色鱉膨、劉喬、侯伯朝、孟景初、王顏喜而下皆使副也。內殿雜戲，為有使人預宴，不敢深作諧謔，惟用群隊裝其似像市語，謂之「拽串」。雜戲畢，參軍色作語，放小兒隊。又群舞《應天長》曲子出場。下酒：群仙炙、天花餅、太平畢羅乾飯、縷肉羹、蓮花肉餅。駕興歇座，百官退出殿門幕次，須臾追班，起居再坐。

第六盞御酒，笙起慢曲子。宰臣酒，慢曲子。百官酒，三臺舞。左右軍築毬，殿前旋立毬門，約高三丈許，雜綵結絡，留門一尺許。左軍毬頭蘇述，長腳幞頭、紅錦襖，餘皆卷腳幞頭，亦紅錦襖，十餘人。右軍毬頭孟宣，并十餘人，皆青錦衣。樂部哨笛杖鼓斷送。左軍先以毬團轉眾，小築數遭，有一對次毬頭小築數下，待其端正，即供毬與毬頭，打大膁過毬門。右軍承得毬，復團轉眾，小築數遭，次毬頭亦依前供毬與毬頭，以大膁打過，或有即便復過者勝。勝者賜以銀盌、錦綵，拜舞謝恩，以賜錦共披而拜也。不勝者，毬頭喫鞭，仍加抹搶。下酒：假黿魚、密浮酥捺花。

第七盞御酒，慢曲子。宰臣酒，皆慢曲子。百官酒，三臺舞訖。參軍色作語，勾女童隊入場。女童皆選兩軍妙齡容豔過人者四百餘人，或戴花冠，或仙人髻，鴉霞之服，或卷曲花腳幞頭，四契紅黃生色銷金錦繡之衣，結束不常，莫不一時新妝，曲盡其妙。杖子頭四人，皆裹曲腳向後指天幞頭，簪花，紅黃寬袖衫，義襴，執銀裹頭杖子，皆都城角者。當時乃陳奴哥、俎姐哥、李伴奴、雙奴，餘不足數。亦每名四人簇擁，多作仙童丫髻仙裳，執花舞步，進前成列。或舞《採蓮》，則殿前皆列蓮花，檻曲亦進隊名。參軍色作語問隊，杖子頭者進口號，且舞且唱。樂部斷送《採蓮》訖，曲終復群舞。唱中腔畢，女童進致語，勾雜戲入場，亦一場兩段。訖，參軍色作語，放女童隊，又群唱曲子，舞步出場。比之小兒，節次增多矣。下酒：排炊羊、胡餅、炙金腸。

第八盞御酒，歌板色一名唱「踏歌」。宰臣酒，慢曲子。百官酒，三臺舞。合曲破舞旋。下酒：假沙魚、獨下饅頭、肚羹。

第九盞御酒，慢曲子。宰臣酒，慢曲子。百官酒，三臺舞。曲如前。左右軍相撲。下酒：水飯、簇飣下飯。駕興。

御筵酒盞，皆屈卮，如菜盌樣，而有手把子。殿上純金，廊下純銀。食器，金銀鋟漆盌楪也。宴退，臣僚皆簪花歸私第，呵引從人皆簪花並破官錢。諸女童隊出右掖門，少年豪俊爭以寶具供送飲食酒果迎接，各乘駿騎而歸。或花冠，或作男子結束，自御街馳驟，競逞華麗，觀者如堵。省宴亦如此。

立冬

是月立冬，前五日西御園進冬菜。京師地寒，冬月無蔬菜，上至宮禁，下及民間，一時收藏，以充一冬食用。於是車載馬馱，充塞道路。時物：薑豉、楪子、紅絲、末臟、鵝梨、榲桲、蛤蜊、螃蟹。

第十卷

冬至

十一月冬至。京師最重此節。雖至貧者，一年之間，積累假借，至此日更易新衣，備辦飲食，享祀先祖。官放關撲，慶賀往來，一如年節。

大禮預教車象

遇大禮年，預於兩月前教車象。自宣德門至南薰門外，往來一遭。車五乘，以代五輅輕重。每車上置旗二口，鼓一面，駕以四馬。挾車衛士皆紫衫、帽子。車前數人擊鞭。象七頭。前列朱旗數十面，銅鑼鼙鼓十數面。先擊鑼二下，鼓急應三下。執旗人紫衫、帽子。每一象則一人裹交腳幞頭，紫衫人跨其頸，手執短柄銅钁，尖其刃，象有不馴，擊之。象至宣德樓前，團轉行步數遭成列，使之面北而拜，亦能唱喏。諸戚里、宗室、貴族之家，勾呼就私第觀看，贈之銀綵無虛日。御街遊人嬉集，觀者如織。賣撲土木粉捏小象兒，并紙畫，看人攜歸，以為獻遺。

車駕宿大慶殿

冬至前三日，駕宿大慶殿。殿庭廣闊，可容數萬人。盡列法駕儀仗於庭，不能周偏。有兩樓對峙，謂之「鐘鼓樓」。上有太史局生測驗刻漏。每時刻作雞唱，鳴鼓一下，則一服綠者執牙牌而奏之。每刻曰「某時幾棒鼓」，一時則曰「某時正」。宰執、百官皆服法服，其頭冠各有品從。宰執、親王加貂蟬籠巾九梁，從官七梁，餘六梁至二梁有差。臺諫增廌角也。所謂「梁」者，謂冠前額梁上排金銅葉也。皆絳袍皂緣，方心曲領，中單環珮，雲頭履鞋，隨官品執笏。餘執事人，皆介幘緋袍，亦有等差。惟閤門、御史臺加方心曲領爾。入殿祗應人給黃方號。餘黃長號、緋方長號，各有所至去處。儀仗車輅，謂信幡龍旗相風烏、指南車、木輅、象輅、革輅、金輅、玉輅之類。自有《三禮圖》可見，更不縷縷。排列殿門內外及御街遠近禁衛全裝，鐵騎數萬，圍繞大內。是夜內殿儀衛之外，又有裹錦緣小帽、錦絡縫寬衫兵士，各執銀裹頭黑漆杖子，謂之「喝探」。兵士十餘人作一隊，聚首而立，凡數十隊。各一名喝曰：「是與不是？」眾曰：「是。」又曰：「是甚人？」眾曰：「殿前都指揮使高俅。」更互喝叫不停，或如雞叫。又置警場於宣德門外，謂之「武嚴兵士」。畫鼓二百面，角稱之。其角皆以綵帛如小旗腳裝結其上。兵士皆小帽，黃繡抹額，黃繡寬衫，青窄襯衫。日晡時、三更時，各奏嚴也。每奏先鳴角，角罷，一軍校執一長軟藤條，上繫朱拂子，擂鼓者觀拂子，隨其高低，以鼓聲應其高下也。

駕行儀衛

次日五更，攝大宗伯執牌奏中嚴外辦，鐵騎前導番衮。自三更時，相續而行。象七頭，各以文錦被其身，金蓮花座安其背，金轡籠絡其腦，錦衣人跨其頸。次第高旗大扇，畫戟長矛，五色介冑。跨馬之士，或小帽錦繡抹額者，或黑漆圓頂幞頭者，或以皮如兜鍪者，或漆皮如戽斗而籠巾者，或衣紅黃罨畫錦繡之服者，或衣純青純皂以至鞋袴皆青黑者，或裹交腳幞頭者，或以錦為繩如蛇而繞繫其身者，或數十人唱引持大旗而過者，或執大斧者，胯劍者，執銳牌者，持鐙棒者，或持竿上懸豹尾者，或持短杵者。其矛戟皆綴五色結帶銅鐸，其旗扇皆畫以龍或虎或雲彩或山河。又有旗高五丈，謂之「次黃龍」。駕詣太廟青城，並先到立齋宮前，叉竿舍索旗坐，約百餘人，或有交腳幞頭、胯劍、足靴如四直使者千百數，不可名狀。餘諸司祗應人，皆錦襖。諸班直、親從、親事官，皆帽子、結帶、紅錦，或紅羅上紫團答戲獅子、短後打甲背子，執御從物。御龍直皆真珠結絡短頂頭巾、紫上雜色小花繡衫、金束帶、看帶絲鞋。天武官皆頂朱漆金裝笠子、紅上團花背子。三衙並帶御器械官皆小帽、背子或紫繡戰袍，跨馬前導。千乘萬騎，出宣德門，由景靈宮、太廟。

駕宿太廟奉神主出室

駕乘玉輅，冠服如圖畫問星官之服，頭冠皆北珠裝結，頂通天冠，又謂之卷雲冠。服絳袍，執元圭。其玉輅頂皆鏤金大蓮葉攢簇，四柱欄檻鏤玉盤花龍鳳，駕以四馬，後出旗常。輅上御座，惟近侍二人，一從官傍立，謂之「執綏」，以備顧問。挾輅衛士皆裹黑漆團頂無腳幞頭，著黃生色寬衫，青窄襯衫、青袴，繫以錦繩。輅後四人，擎行馬。前有朝服二人，執笏面輅倒行。是夜宿太廟，喝探警嚴如宿殿儀。至三更車駕行事，執事皆宗室。宮架樂作，主上在殿上東南隅西面立，有一朱漆金字牌曰「皇帝位」。然後奉神主出室，亦奏中嚴外辦，逐室行禮畢，甲馬、儀仗、車輅，番袞出南薰門。

駕詣青城齋宮

駕御玉輅，詣青城齋宮。所謂「青城」，舊來止以青布幕為之。畫砌甃之文，旋結城闕殿宇。宣、政間，悉用土木蓋造矣。鐵騎圍齋宮外，諸軍有紫巾緋衣素隊約千餘，羅布郊野。每隊軍樂一火。行宮巡檢部領甲馬，來往巡邏。至夜嚴警，喝探如前。

駕詣郊壇行禮

三更，駕詣郊壇行禮，有三重壝牆。駕出青城南行曲尺西去約一里許，乃壇也。入外壝東門，至第二壝裏，面南設一大幕次，謂之「大次」。更換祭服，平天冠，二十四旒；青衮龍服、中單、朱舄、純玉佩。二中貴扶侍行至壇前，壇下又有一小幕殿，謂之「小次」，內有御座。壇高三層七十二級。壇面方圓三丈許，有四踏道：正南曰午階，東曰卯階，西曰酉階，北曰子階。壇上設二黃褥，位北面南，曰「昊天上帝」；東南面曰「太祖皇帝」。惟兩矮案上設禮料。有登歌道士十餘人，列鐘磬二架，餘歌色及琴瑟之類，三五執事人而已。壇前設宮架樂，前列編鐘玉磬。其架有如常樂方響，增其高大。編鐘形稍褊，上下兩層，掛之架，兩角綴以流蘇。玉磬狀如曲尺，繫其曲尖處，亦架之，上下兩層掛之。次列數架大鼓，或三或五，用木穿貫，立於架座上。又有大鐘曰景鐘，曰節鼓。有琴而長者，如箏而大者，截竹如簫管兩頭存節而橫吹者，有土燒成如圓彈而開竅者，如笙而大者，如簫而增其管者。有歌者，其聲清亮，非鄭衛之比。宮架前立兩竿，樂工皆裹介幘如籠巾，緋寬衫，勒帛。二舞者頂紫色冠，上有一橫板，皂服朱裙，履。樂作，初則文舞皆手執一紫囊，盛一笛管結帶。武舞一手執短矟，一手執小牌，比文舞加數人，擊銅鐃響環，又擊如銅竈突者。又兩人共擡一銅甕就地擊者。舞者如擊刺，如乘雲，如分手，皆舞容矣。每樂作，先擊柷，以木為之，如方壺，畫山水之狀。每奏樂擊之，內外共九下。樂止則擊敔，如伏虎，脊上如鋸齒。一曲終，以破竹刮之。禮直官奏請駕登壇，前導官皆躬身側引至壇止，惟大禮使登之。先正北一位拜跪酒，殿中監東向一拜，進爵盞；再拜，興；復詣正東一位，纔登壇而宮架聲止，則壇上樂作。降壇則宮架樂復作。武舞上，復歸小次。亞獻終獻，上亦如前儀。當時燕越王為亞終獻也。第二次登壇，樂作如初，跪酒畢，中書舍人讀冊，左右兩人舉冊而跪讀。降壇復歸小次，亞終獻如前。再登壇進玉爵盞，皇帝飲福矣。亞終獻畢，降壇，駕小次前立，則壇上禮料幣帛玉冊由酉階而下。南壝門外去壇百餘步，有燎爐高丈許，諸物上臺，一人點唱入爐焚之。壇三層，回踏道之間有十二龕，祭十二宮神。內壝外祭百星。執事與陪祀官皆面北立班。宮架樂罷，鼓吹未作，外內數十萬眾肅然，惟聞輕風環佩之聲。一贊者喝曰：「贊一拜！」皆拜，禮畢。

郊畢駕回

駕自小次祭服還大次，惟近侍椽燭二百餘條，列成圍子。至大次更服袞冕，登大安輦，輦如玉輅而大，無輪，四垂大帶。輦官服色，亦如挾路者。纔升輦，教坊在外壝東西排列，鈞容直先奏樂。一甲士舞一曲破訖，教坊進口號，樂作，諸軍隊伍鼓吹皆動，聲震天地。回青城，天色未曉，百官常服入賀。賜茶酒畢，而法駕、儀仗、鐵騎、鼓吹，入南薰門。御路數十里之間，起居幕次，貴家看棚華綵鱗砌，略無空閒去處。

下赦

車駕登宣德樓，樓前立大旗數口。內一口大者，與宣德樓齊，謂之「蓋天旗」。旗立御路中心不動。次一口稍小，隨駕立，謂之「次黃龍」。青城、太廟隨逐立之，俗亦呼為「蓋天旗」。亦設宮架樂作，須臾，擊柝之聲，旋立雞竿，約高十數丈，竿尖有一大木盤，上有金雞，口銜紅幡子，書「皇帝萬歲」字。盤底有綵索四條垂下，有四紅巾者爭先緣索而上，捷得金雞紅幡，則山呼謝恩訖。樓上以紅綿索通門下一綵樓，上有金鳳銜赦而下，至綵樓上，而通事舍人得赦宣讀。開封府大理寺排列罪人在樓前，罪人皆緋縫黃布衫，獄吏皆簪花鮮潔，聞鼓聲，疏枷放去，各山呼謝恩訖。樓下鈞容直樂作，雜劇舞旋，御龍直裝神鬼，斫真刀掉刀。樓上百官賜茶酒，諸班直呈拽馬隊，六軍歸營。至日晡時，禮畢。

駕還擇日詣諸宮行謝

駕還內，擇日詣景靈東西宮行恭謝之禮三日。第三日畢，即遊幸別宮觀，或大臣私第。是月賣糍餻、鶉兔方盛。

十二月

十二月，街市盡賣撒佛花、韭黃、生菜、蘭芽、勃荷、胡桃、澤州餳。初八日，街巷中有僧尼三五人作隊念佛，以銀銅沙羅或好盆器，坐一金銅或木佛像，浸以香水，楊枝灑浴，排門教化。諸大寺作浴佛會，並送七寶五味粥與門徒，謂之「臘八粥」。都人是日各家亦以果子雜料煮粥而食也。臘日，寺院送麵油與門徒，卻入疏教化上元燈油錢。閭巷家家互相遺送。是月景龍門預賞元夕於寶籙宮，一方燈火繁盛。二十四日交年，都人至夜請僧道看經，備酒果送神，燒合家替代錢紙，帖竈馬於竈上。以酒糟塗抹竈門，謂之「醉司命」。夜於牀底點燈，謂之「照虛耗」。此月雖無節序，而豪貴之家，遇雪即開筵，塑雪獅，裝雪燈雪口以會親舊。近歲節，市井皆印賣門神、鍾馗、桃板、桃符，及財門鈍驢、回頭鹿馬、天行帖子，賣乾茄瓠、馬牙菜、膠牙餳之類，以備除夜之用。自入此月，即有貧者三數人為一火，裝婦人神鬼，敲鑼擊鼓，巡門乞錢，俗呼為「打夜胡」，亦驅祟之道也。

除夕

至除日，禁中呈大儺儀，並用皇城、親事官、諸班直戴假面，繡畫色衣，執金鎗龍旗。教坊使孟景初身品魁偉，貫全副金鍍銅甲裝將軍。用鎮殿將軍二人，亦介冑裝門神。教坊南河炭醜惡魁肥裝判官。又裝鍾馗、小妹、土地、竈神之類，共千餘人。自禁中驅祟，出南薰門外轉龍灣，謂之「埋祟」而罷。是夜禁中爆竹山呼，聲聞於外。士庶之家，圍爐團坐，達旦不寐，謂之「守歲」。

凡大禮與禁中節次，但嘗見習按，又不知果為如何，不無脫略，或改而正之，則幸甚。■

這本書的譜系：歷代與城市生活相關著作

Related Reading

《漢字書法之美：舞動行草——兩都賦》

作者：班固　朝代：東漢

分〈西都賦〉與〈東都賦〉兩篇，所指分別為東漢的西都長安和東都洛陽。《兩都賦》的撰寫，起因自東漢明帝時朝廷遷都洛陽，「關中耆老」卻仍深深緬懷西都長安，嚮往回復舊都。班固於是以虛擬人物，先是描述西都長安的顯要形勢、富庶經濟，以及華麗宮廷，盛讚大漢國威；接著再以另一虛擬角色，描繪新都洛陽的壯盛美好，尤其新的政策建設，將漢朝的繁華妝點得更加超越、美好。班固藉此二賦稱頌了漢之昌隆，也表明自己對朝廷遷都政策的支持。此書首開以描寫都城京邑景況的先例，在形式上影響了張衡的《兩京賦》，及左思的《三都賦》。

《洛陽伽藍記》

作者：楊衒之　朝代：北魏

此書以記北魏都城洛陽佛寺的興廢為主題，詳述寺院的變遷、廟宇的建制規模，以及與之有關的奇聞異談、名人軼事等等。由於北魏佛教興盛，寺院佛堂數量極多，因此透過這本書，可描繪出洛陽城裏城外的佛殿官署、名勝古蹟等位置。作者以記憶佛寺為撰述重點，卻未偏廢其他面向，對於洛陽城經濟文化的發展、民眾生活的狀況，亦有所記載。《洛陽伽藍記》作於北魏滅亡，東西魏分裂之後（五三四年），從佛寺盛衰反映國之興亡，作品中既透露了對故國的哀思，同時也有治亂警戒的意圖。而書中記錄了許多舊聞掌故、詳述京城文物風貌，對於歷史地理方面的研究、城市記憶的書寫，均有重要意涵。

《洛陽名園記》

作者：李格非　朝代：北宋

李格非是宋朝大學者，李清照之父，曾受教於蘇東坡，榮登蘇門後四學士之列。因雅好園林，將洛陽十九處名園林細訪了一遍，寫下《洛陽名園記》一書。這部作品雖只專述園林，但文筆佳、園林資料豐沛，成為一代重要著作，也同時影響了後世文學家撰著城市風貌的寫作筆法。

《武林舊事》

作者：周密　朝代：南宋

周密（一二三二年～一二九八年）為官員，在國家亡於蒙古之手後，深刻感受遺民之痛，發憤收集故國文獻，及個人目見耳聞，撰著此書。成書於元至元二十七年（一二九〇年），所記為南宋臨安的種種狀況，從朝廷的各種典儀，一直到市民百姓的生活習俗、文化、經濟狀況，以及都城面貌、山川景觀等等。對於研究南宋城市、文化及藝術等內容，提供了許多珍貴的資料。周密撰著此書，和孟元老撰寫《東京夢華錄》的背景相似，都是在濃濃的亡國愁思中完成對故國的回憶，因此該書雖然書寫城市繁華，卻也含有不言而喻的沉重失落感。

《都城紀勝》

作者：灌圃耐得翁　朝代：南宋

本書記錄了南宋都城臨安的城市風貌，約成書於宋理宗端平二年（一二三五年）。耐得翁曾經寓居都城臨安，將目見耳聞的城市資料彙編撰寫成冊，分類別為市井、諸行諸業、酒肆、食店、茶坊；瓦舍、坊院；臨安街坊、教坊、雜戲等等，內容充實，富含有關宋代社會生活與文化藝術等資訊。

《夢粱錄》

作者：吳自牧　朝代：南宋

本書以筆記形式記述南宋都城臨安的城市風貌。因在自序中曾提及「時異事疏」、「緬懷往事，殆猶夢也」，推測本書應在元軍攻陷臨安之後，才完成編著。《夢粱錄》仿效了《東京夢華錄》的體例，記載南宋都城臨安的宮殿、郊廟、山川、人物、市肆、物產、寺觀、學校，及百工和雜戲等日常生活圖景。對於了解南宋百姓的生活習慣、風俗節慶和掌故名物等等，有重要的參考價值。

《如夢錄》

作者：不詳　朝代：明

本書為筆記體作品。內容主要記述明代後期開封城的城市狀況，包括飲食文化、酒店文化、廟會活動、商品店舖等等。為受到宋代筆記《東京夢華錄》影響，記錄故城昔日繁華榮景的相似作品。

延伸的書、音樂、影像

Books, Audios & Videos

《圖解東京夢華錄》

作者：孟元老　出版社：台北實學社，二〇〇四年

本書以孟元老的《東京夢華錄》為主，以彷彿旅遊的方式導覽宋代汴京，除了圖片以外，另有詳細注解，可使讀者深入了解原版本中描寫的風俗掌故與生活細節。

《筆記清明上河圖》

作者：趙廣成　出版社：香港三聯，二〇〇四年

本書為兩冊，一冊是根據張擇端版本《清明上河圖》製成的畫冊，另一冊是以電腦重描的線圖，透過對於局部街景細節的指出，輔以深入淺出的文字說明，以輕鬆趣味的方式了解汴京的生活面貌。

《繪苑璚瑤：清院本清明上河圖》

作者：文娥　出版社：國立故宮博物院，二〇一〇年

本書所依據的清院本《清明上河圖》是由清宮畫院的五位畫家陳枚、孫祜、金昆、戴洪、程志道在乾隆元年（一七三六年）所共同完成，增加許多宋朝版本所沒有的細節，如特技、戲劇等等。透過對於全圖的瀏覽，再至放大局部影像，呈現畫中細膩的人物描摹與充滿動態市場街景。

《宋代開封研究》

作者：久保田和男　出版社：上海古籍，二〇一〇年

本書作者上溯五代首都的訂定，並且考察北宋開封的城市建制，如城市景觀、人口變化、居民生活等等內容，詳細探討城市規畫、空間與居民的生活配置等議題，是除了《東京夢華錄》與《清明上河圖》外，了解北宋城市的另一個途徑。

《我是宋朝人——一個超前王朝的故事》

作者：史式　出版社：遠流，二〇〇九年

本書以「超前」時代的觀點討論宋朝，指出宋朝許多突破性的科技發展或政治思想都遠遠超越其時的國家，除了詳細說明宋朝的興盛與覆滅、城市的繁榮市井風情，最後提出宋朝思想予現今社會的反思，成為社會與國家發展的參照。

《圖說宋朝》

作者：龔書鐸、劉德麟　出版社：台北知書坊，二〇〇九年

本書結合一千多個歷史故事，輔以精美的圖片解說，呈現宋朝燦爛輝煌的文化，全書脈絡清晰，史實細節具體，故事引人入勝，圖片生動豐富，帶領讀者探索宋朝的興盛與衰頹。

《中國十大王朝之大宋王朝》

發行：浙江長城紀實文化傳播公司，二〇〇五年

本片利用大量歷史資料和最新考古發現，強調客觀、真實地反映宋朝的政治軍事、經濟、文化、藝術、科技等方面的成就，詳細解說從宋太祖趙匡胤即位與杯酒釋兵權，之後側重宋朝重文尊儒的風氣，並且考察汴京的發展，探索宋朝的繁榮文明。

《故宮至寶》

發行：中國中央電視台

本片由中國中央電視台、日本NHK聯合拍攝，收集了大量影像資料，取景北京故宮博物院與台北故宮博物院。詳細介紹《清明上河圖》所描繪的汴京街景，享有盛名的瓷器，與宋徽宗的字畫等文物，以恢弘的格局呈現繁華的宋代盛世。

國立故宮博物院

http://www.npm.gov.tw/exh96/orientation/index4_1_ch.html

「情境區—清明上河圖」以動畫形式重現清明上河圖內描繪的汴京風光，分為三個主要部分：皇宮、街景與河道，點選後即可瀏覽北宋時期的城市面貌。

圖片來源

封面、封底

《清明上河圖》（局部）：北京故宮博物院

10 導讀

《清明上河圖》（局部）（P17、P19、P27、P29、P31、P33、P39、P41、P43、P45、P47、P49、P51、P52右圖）：北京故宮博物院

2.0 繪圖

《清明上河圖》（畫卷）：北京故宮博物院

3.0 原典選讀

《清明上河圖》（局部）（P95）：北京故宮博物院

繁華之城 東京夢華錄

原著：孟元老
導讀：張臨生
2.0繪圖：張擇端

策畫：郝明義
主編：冼懿穎
美術設計：張士勇
編輯：張瑜珊
圖片編輯：陳怡慈
美術：倪孟慧 戴妙容
邊欄短文寫作：廖惠玲
校對：呂佳真

感謝北京故宮博物院對本書之圖片內容提供特別支持與協助

企畫：網路與書股份有限公司
出版者：大塊文化出版股份有限公司
台北市10550南京東路四段25號11樓
www.locuspublishing.com
讀者服務專線：0800-006689
TEL：886-2-87123898 FAX：886-2-87123897
郵撥帳號：18955675
戶名：大塊文化出版股份有限公司
法律顧問：全理法律事務所董安丹律師

總經銷：大和書報圖書股份有限公司
地址：新北市新莊區五工五路2號
TEL：886-2-8990-2588 FAX：886-2-2290-1658
製版：瑞豐實業股份有限公司
初版一刷：2011年1月
初版四刷：2011年11月
定價：新台幣220元
Printed in Taiwan

繁華之城：東京夢華錄／孟元老原著：張臨生導讀：張擇端繪圖. -- 初版. -- 臺北市：大塊文化, 2011.01
面： 公分. --（經典 3.0：19）

ISBN 978-986-213-223-4（平裝）

1.古城 2.人文地理 3.遊記 4.北宋 5.河南省開封市

671.39/101 99025242

經典3.0
ClassicsNow.net